上海家长学校
亲子关系指导丛书

贺岭峰 主编

朱凌 著

好关系成就好孩子

0至6岁亲子互动中的关键密码

上海人民出版社
上海远东出版社

图书在版编目(CIP)数据

好关系成就好孩子:0至6岁亲子互动中的关键密码/朱凌著.—上海:上海远东出版社,2022
(亲子关系指导丛书/贺岭峰主编)
ISBN 978-7-5476-1876-9

Ⅰ.①好… Ⅱ.①朱… Ⅲ.①幼儿教育—亲子教育
Ⅳ.①G781

中国版本图书馆 CIP 数据核字(2022)第 231485 号

责任编辑 贺 寅
封面设计 李 廉

本书由上海开放大学
家庭教育教材开发与出版项目资助出版

亲子关系指导丛书

好关系成就好孩子
0至6岁亲子互动中的关键密码
朱 凌 著

出 版	上海远东出版社
	(201101 上海市闵行区号景路159弄C座)
发 行	上海人民出版社发行中心
印 刷	上海颛辉印刷厂有限公司
开 本	890×1240 1/32
印 张	6.5
字 数	125,000
版 次	2022年12月第1版
印 次	2022年12月第1次印刷

ISBN 978-7-5476-1876-9/G·1166
定 价 48.00元

亲子关系指导丛书

编委会

主　　　任　王伯军
副　主　任　王松华　江伟鸣　姚爱芳
编委会成员　张东平　蒋中华　徐文清　邝文华
　　　　　　祝燕国　陈圣日　吴　燕　毕玉龙
　　　　　　王　欢　应一也　张　令　陆晓春
　　　　　　朱　斌　叶柯挺

总　　序

亲子关系是最重要的人际关系,没有之一。因为它是以赋予生命并以血脉传承的方式来缔结的。

在人类发展史中,我们遗传的素质秉性、习得的生存能力、传承的群体文化,都是以亲子关系为纽带来连接和延续的。

在漫长的历史长河中,无论是采集时代、狩猎时代、农耕时代,还是工业化时代;无论是奴隶社会、封建社会,还是资本主义社会、社会主义社会;无论是混居杂交、只知有母不知有父的母系社会,还是三妻四妾、四世同堂的父权社会,以老带新、以大带小的种族延续方式一直是薪火相传、赓续不变的。

无论愿不愿意,喜不喜欢,一个人血管里流淌的血液,总是有一半基因和另一个人有关。研究表明,不只是身高、体重、遗传疾病,内在的个人素质,如孩子的智商和情商也有部分来自遗传,甚至连幸福感这样的个人体验都有部分是遗传决定的。再加上基于表观遗传学的行为学特征的代际传递，孩子的情绪反应模式、隐性心理创伤、行为特征风格也可能受到几代家族经验的影响。

亲子关系，本来是生命之河的自然流淌。但是，在今天这样一个历史的转弯处，我们突然发现，在如何处理亲子关系这个问题上，从来没有哪一代父母像今天的父母这样焦虑和窘迫。因为，时代不同了。

在采集、狩猎、农耕时代，养孩子不是特别难的一件事。就是大带小、老带新，以氏族、部落、家族的方式集体抚养，小孩子在群族当中得到照顾、习得技能。由于彼时社会进化缓慢，远远慢于代际的更迭，所以祖孙几代面对的是同样的世界，住的是同一个村，种的是同一块田，小的跟着老的看、听、学、做就行了。多张嘴，多双筷，养育成本不高，变成劳动力收益不小，多子多福，即使出现个别不肖子孙或者养育失败也不会影响家族传承大局。这个时候，只要一个家庭的家风不错，在社会道德养成和生存技能习得方面没有大的缺失，就可以完成家族传承。而亲子关系，作为最重要的家庭关系，无论在婴幼儿养育、童年启蒙、生存生产生活能力训练、社会关系建构乃至结婚生子后的家族生活中，都扮演着核心角色。可以说，一切家庭关系都是以亲子关系为核心构建起来的。亲子关系被嵌套在复杂的人伦关系和亲戚关系中，被滋养被补充，即使出现一些问题，也能够被宗族和村落里的社会支持系统补位和校准。

到了工业化社会,蒸汽机和生产线的出现改变了人类的生活生产方式,祖辈的生存技能储备不足了。面对新的社会分工、新的生产流水线,只有经过专门训练的人才能成为合格的工作者。服务于机械化大生产的班级授课制式的学校教育取代了家庭教育,成为青少年社会化的主阵地。这个时候,教师的角色介入到亲子关系中,并逐渐由辅助者变为主导者和评价者,既通过家庭作业控制了孩子的家庭时间和家庭活动,又通过考试排名、家长签字和家长群互动等调整了家长的角色、行为和责任。家庭教育成为了学校教育的辅助。同时,由于父母职业化、家庭小型化、工作移民化、婚姻不稳定现象的出现,导致留守儿童、祖辈养育、身心失调等问题层出不穷。从某种程度来说,亲子关系被弱化了。

而进入信息化社会之后,95后、00后等一代网络原住民出现,从出生就开始进入读屏时代,生命样态在二次元空间和三次元空间并行展开,给家长带来了家庭养育的黑洞。爸爸妈妈知道网络世界、虚拟空间的吸引力,却不知道那里面到底藏着啥。屏幕育儿虽然方便但是也有隐藏风险。这导致了年轻父母,一方面让孩子过早地接触屏幕,分担了孩子"十万个为什么"阶段给自己带来的烦恼,另一方面,又因为孩子社会性早熟带来的青春期提前叛逆而懊悔不已。家长,在家庭教育、学校教育、社会教育的漩涡中无所适从。亲子关系,在夫妻关系、原生家庭关系、家校关系、职场关系、网络社交关系、宠物关系、人机关系中变成了一个关系节点,既影响着其他关系，也被其他关系影响着。

我国2022年1月1日开始执行的《中华人民共和国家庭教育促进法》，重新梳理了家庭教育和亲子关系。认为亲子关系应该做到，一是亲子关系是父母的主体关系。自己的孩子自己养，父母要亲自陪伴孩子，不能以各种理由和借口把自己的责任转给老人、保姆、老师。二是亲子关系是父母的同位关系。父母的责任是同等的，爸爸妈妈谁都不能逃，即使分居、离婚了，照顾孩子的责任也不能少。三是亲子关系是父母与孩子之间的互动关系。言传身教，相机而教，就是在日常生活之中潜移默化地影响孩子，想让孩子做到的，自己应该先做到。督促孩子成长，自己先要成长。四是亲子关系是父母与孩子之间的平等关系。尊重差异，平等交流，不要打骂孩子，不得伤害孩子身心健康和社会健康。五是亲子关系是孩子健康成长的底层关系。良好的亲子关系为孩子的成长提供了安全感，也为孩子立德树人确立了界限与规矩，是孩子道德品质、身体素质、生活技能、文化修养、行为习惯等方面养成的关系基础。

在孩子成长的不同阶段，亲子关系扮演的角色是不一样的。在孩子0至6岁的时候，亲子关系是孩子一生依恋模式和安全感的基础，也是大脑神经布线的关键时期，爸爸妈妈的角色和影响至关重要，双人游戏、多人游戏和规则游戏是亲子之间进行技能学习和社会化的主要载体。7至12岁的小学阶段，是养成良好的学习习惯、应对方式、社交技能的关键时期，亲子关系一方面为孩子适应学习生活建章立制，另一方面也为孩子的身心健康免受伤害保驾护航。12至18岁的中学阶段，是青少年的疾风暴雨时期，身体、自我、认知、情绪、社交都进入了一个在波峰和波谷之间起伏跌宕的折腾时期。而良好的亲子关系则成为这段时期的压舱石。亲子关系好，就有惊无险、化险为夷；亲子关系差，就火上浇油、雪上加霜。18至28岁，孩子已经进入了成年阶段，但是还会在专业定向、职业选择、婚恋生育、职场发展、个人成长等方面与家长协商或者争夺决策权。此时的亲子关系更多的是一种转换、一种交接、一种守望，如果处理不好，就可能演变成独立与反独立、操纵与反操纵、支配与反支配、以爱之名与反爱之名的一场战争。至于到了备孕备产的准父母阶段，年轻人越来越意识到原生家庭对自己的影响，对即将到来的父母角色充满期待也充满焦虑，在成为新角色的过程中要面对很多关系的改变和心理上的突破，尤其是孕产期间和独立抚养过程中的心理调适，成为人生成长脱变的一道关卡。生命，在相遇和传承的过程中实现着意义的迭代，每个时期都是关键期，每次应对都是胜负手，是稳定安全的亲子关系筑牢了生命跃升的基石。

要看到，这是一个百年未有之大变局的乌卡时代和巴尼时代。竞争激烈了、就业艰难了、岗位消失了、人工智能升级了、元宇宙来临了。当体能被能源取代、智能被算法击穿的时候，人类最后的尊严就是我们的情绪情感、我们的使命情怀。亲子关系，是一个幼小生命发芽、拔节、抽穗的营养之源，是人生中的宝贵资源,一定要倍加珍惜。

要看到,这是一代在二次元空间和三次元空间平行成长的生命。脑机接口、硅基生命、大健康产业、分子生物学、虚拟现实、线上平台、机器人工作,为新一代生命的生存、生产、生活带来了无限可能性。一些边界会坍塌、一些价值会沦落、一些生命被点燃、一些存在会重塑。而亲子关系,是在这传承与创新的过程中最有生命连接感的纽带、最有内生动力实现升级迭代的助推器、最柔滑顺畅相互温润滋养的催化剂。亲子关系,是无土栽培时代的营养剂,是野蛮生长过程中的阳光和水。

要看到,我们就站在代际传递的传送带上,载着历史的痕迹,走进未知的未来。要切断代际创伤、要自我疗愈心灵、要保护幼小生命。一代人有一代人的使命,一代人有一代人的局限,而我们这一代人,就是在见证历史巨大变革的过程中,挡住沉渣泛起,撑起万里无云。以亲子关系为镜,可以照见我们的贪婪和恐惧、无知和傲慢、暴躁和愤怒、怀疑和焦虑,也可以看见初心本性、使命愿景、道与坚守、爱与责任。

亲子关系是个支点,可以撬动代际生命。

为了更好地贯彻落实《中华人民共和国家庭教育促进法》,上海开放大学家长学校组织专家队伍编写了"亲子关系指导丛书"。丛书由上海开放大学王伯军副校长统筹安排,由非学历教育部王松华部长和姚爱芳副部长督促落实,由上海体育学院心理学院贺岭峰教授担任主编,由青少年畅销书作家朱凌、叶如风、张玲、郝正文、吴海明、姚爱芳、贺岭峰等组成写作队伍,为广大家长朋友呈上了一场亲子关系的心理与精神盛宴。

"亲子关系指导丛书"共5册,逻辑结构是按照人生发展关键期来编排。根据人生成长阶段划分为婴幼儿阶段(0至6岁)、小学阶段(7至12岁)、中学阶段(12至18岁)、大学及就业阶段(18至28岁)、准父母阶段(备孕备产阶段)的亲子关系。

朱凌老师编写了《好关系成就好孩子:0至6岁亲子互动中的关键密码》。这本书聚焦在6岁之前的亲子关系。0至6岁,可能是孩子生命中变化最快最多的阶段,也是建立亲子关系最宝贵的岁月。书中提出了"手指灵活的孩子更聪明""妈妈越爱说话宝宝越聪明""亲密关系从感觉妈妈的体温开始""给孩子建立规则而不是交换条件""先接纳孩子的情绪再教会他用语言表达"等有趣的观点,值得小孩子的爸爸妈妈去关注。

张玲、吴海明老师编写了《更好的关系,更轻松的教育:小学阶段家庭陪伴成长指南》。作者认为,6至9岁是孩子进入小学正式开启学业和社交生活的"启航"阶段,而9至12岁的孩子进一步有了自己的意识,进入了家长"领航"阶段。在这个阶段,家长更应该学会去发现,"好的亲子关系应该是尊重和有边界的关系""亲子关系越亲密反而家长越会越界影响孩子的自主能力""孩子发生突然变化,原因在父母自己身上"

"每一次孩子间的战争,都是难得的社交能力成长机会""孩子越来越磨蹭,背后竟是家长的'功劳'"。

叶如风老师编写了《如何读懂大孩子的心:12至18岁家庭育儿指南》。作者聚焦在12至18岁这个年龄段。面对青春期,为什么原本小学阶段的那个"乖孩子",仿佛一夜之间变成了一个"怪孩子"?青春期的大孩子到底有哪些特征?我们在养育上会有哪些难点和痛点?如何赢得大孩子的心,收获和谐的亲子关系?这些问题都可以在本书中找到答案。

贺岭峰、姚爱芳、郝正文老师编写了《两代人的碰撞与沟通:18至28岁青年与父母间的相处之道》。本书选择了代际间的沟通、志愿的选择、求学与留学、择业与就业、恋爱与结婚、成家与养育6个方面的20多个案例,讲述了18至28岁的青年人与其父母之间的相处之道。全方位展示了当代年青人与父母在同样的问题、情境面前不同的价值取向和行为选择,让读者对这代年青人及其与父母的关系有更多的看见。

朱凌老师编写了《拯救准妈妈的未来焦虑:走出原生家庭束缚找到自己的角色》。针对准妈妈这个群体,在这本书的写作过程中,记者出身的作者做了大量的采访。书中的案例涉及到原生家庭的影响、妈妈自我成长、家庭关系的平衡,以及成为独力抚养者该如何处理亲子关系,和新妈妈如何应对产后抑郁。作者发现,孩子是爸爸妈妈的镜子,"问题孩子"映照出的是家长正在遭遇的困境。有的妈妈在原生家庭中养成了讨好型人格,过度压抑自己的情绪,孩子的各种异常行为,其实是妈妈内心情绪的外化。有的妈妈内心有着深深的不安全感，对所有事情都要求完美，都要掌控，还不会说话的孩子，已经能接受到妈妈的焦虑不安，并通过应激状态反映出来。当妈妈意识到自己的问题，调整自己的状态，孩子的"问题"也会随之好转。通过案例故事，可以看见原生家庭的影响，看见自己成长的路。

本套书的读者对象面向市民家长，每篇均以生活现象和典型问题导入，一个个具体的亲子关系案例，对案例进行深度精细化解析，并为家长提供3至5个具体实操的行动建议。丛书根据"好看、实用、深刻"的编写要求，尽可能做到育儿理念科学化、亲子案例故事化、语言风格口语化、对策建议实操化。

希望不同年龄段的家长都能够在本套丛书中看见时代、看见孩子、看见自己，最重要的是，看见亲子之光，在我们陪伴孩子成长的过程中，为生命播下幸福的种子。

王伯军　贺岭峰
2022年10月22日

自　　序

父母的拥抱就是全世界

一个新生命呱呱坠地，小宝宝张开双臂拥抱父母，父母就是小宝宝的整个世界。孩子对世界的感受和认知，是从爸爸妈妈开始的，孩子与世界的连结的原点，是亲子关系。

本书聚焦于6岁之前的亲子关系。0至6岁，可能是孩子生命中变化最快最多的阶段，也是建立亲子关系的黄金岁月。别以为，每天睡10个小时的那些日子里，父母能做的只是喂奶换尿布；别担心，孩子抱多了就会被宠坏，1岁以内的孩子需要父母即时的回应和拥抱；别偷懒，把孩子送去全托或者交给保姆照顾，缺位的依恋关系，日后要花加倍的时间去修复。

有些事情爸爸妈妈可以主动去做。比如，在帮助孩子发展触觉方面，从给孩子多一点抱抱、拍拍，到和孩子一起用爬行探索世界,都是很棒的亲子互动。在那些看上去再寻常不过的亲子活动里,孩子的大脑神经元快速地建立连接,孩子和父母的亲子关系越来越紧密。

有些行为,需要爸爸妈妈引导孩子去做。比如,孩子做错事会马上说"对不起",但却不会改正;孩子特别怕生,随时都要黏着大人,等等。

在一些特别的时刻,爸爸妈妈要看得懂"信号"。比如,当孩子问出"我是从哪里来的",这是性教育启蒙的最佳时间;当孩子明白小马桶是什么,开始愿意尝试各种事情都要"自己来"的时候,可以开始试着让孩子告别纸尿裤,自己上厕所了。

在一些情况下,爸爸妈妈要意识到,对孩子的养育方式需要调整。比如,对孩子的吃喝拉撒照顾得过度周到,却常常忽视孩子的情绪、心理状态;过分严格地训练孩子像一个小绅士那样待人接物,不给孩子留出自主的空间。

亲子关系是一辈子的牵绊,但是,爸爸妈妈对孩子的影响却是有"时效性"的,真的会过期。孩子年龄越小的时候,爸爸妈妈可以给孩子带来的影响越大。孩子年龄越小的时候,爸爸妈妈越需要多花时间和孩子相处。和孩子在一起的每一分钟都价值连城。

朱凌

2022年10月27日

目　录

总序　　　　　　　　　　　　　　　　　—— 001
自序　　　　　　　　　　　　　　　　　—— 001

第一篇
亲子活动激活触觉

一、拍一拍、抱一抱为啥能有止哭效果　　—— 003
二、手指灵活的孩子更聪明　　　　　　　—— 009
三、抓住时机锻炼孩子与生俱来的抓握能力 —— 015
四、妈妈越爱说话宝宝越聪明　　　　　　—— 021
五、拥抱妈妈就是拥抱整个世界　　　　　—— 028
六、聪明的妈妈懂得给孩子"三权独立"　 —— 035
七、温度感知能力敏锐的宝宝更有安全感　—— 041
八、和宝宝一起用爬行探索世界　　　　　—— 046
九、安全教育从"冒险"和疼痛体验开始　 —— 051

第二篇

多人游戏引导行为

一、当孩子说了"对不起"却不改正 —— 059
二、你在建立规则还是在"贿赂"孩子 —— 066
三、我们一起玩好吗 —— 072
四、孩子的社交从分享玩具开始 —— 076
五、孩子依赖性太强怎么破 —— 085
六、二胎妈妈会偏心吗 —— 093
七、孩子特别黏人怕生怎么破 —— 097
八、教会孩子"离开"妈妈 —— 104

第三篇

把握教育的关键时机

一、求抱抱是小婴儿最正当的要求 —— 111
二、过早送全托伤到了啥 —— 117
三、告别纸尿裤要在孩子"准备好"的时候开始 —— 122
四、当孩子在幼儿园受到伤害 —— 129
五、当孩子问出"我从哪里来" —— 137
六、自我保护从强化孩子的性别意识开始 —— 142

第四篇
灵活调整养育方式

一、特别周到又特别忽略的关系,你们家存在吗 —— 149

二、别用"吓唬"的方式让孩子听话 —— 157

三、孩子过早大人化 —— 162

四、"小绅士"怎么变成了"破坏大王" —— 168

五、当乖小孩每晚在梦中哭泣 —— 175

后记 —— 182

第一篇

亲子活动激活触觉

一、拍一拍、抱一抱为啥能有止哭效果

导言

孩子出生后,医生会告诉新手妈妈,要多给小宝宝做抚触,实际上就是要给孩子更多的触觉刺激。当小宝宝的皮肤被抚摸按压时,会使血清素分泌增加、肾上腺皮质激素分泌降低,带来身体的舒适感,同时调节情绪。

当孩子触觉发展失衡,大脑的辨识度不足,情绪就容易不受控制;同时对环境的防御性较高,在无法辨识周围环境是否安全的情况下,会焦虑和紧张。当妈妈的手轻轻按摩孩子身体,妈妈和宝宝肌肤相亲,最本能的爱在指尖传递。聪明的妈妈懂得通过亲子互动提高孩子的触觉辨认能力,让孩子拥有稳定快乐的情绪,顺利度过成长中的各种"考验"。

壹 案例

案例一

2岁多的卉卉(化名)是一个"蚌壳精",一句重话都说不得,不管是谁,要是说一句卉卉哪里做得不够好,她立马就会哭,有时候甚至都没说她有什么不好,她也会哭。和其他小朋友一起玩游戏的时候,卉卉也经常会因为自己没有其他小朋友玩得好,在一边开始掉眼泪。

案例二

阿布(化名)在2岁左右的时候,开始让妈妈抓狂。比如,阿布自己走路比较慢,但是他又很愿意自己走,不想要大人抱,有时候妈妈会给他一点点助力,小家伙就不乐意,要回到原来的位置重新自己慢慢走。有一回在过马路的时候,走到马路中间,红绿灯要变了,妈妈着急抱着阿布穿过马路,阿布哭闹不止,不管已经走出去多远了都要回到那个点重新自己走,就算那是在马路中间。

贰 解析

2岁多的孩子,在表达情绪的时候,能够用的方式很少。哭是最常见的方式。大多家长对于孩子情绪一上来就哭得稀里哗啦很头疼,不知道怎么办才好。但是也有一些"天使宝宝",比起其他同龄孩子,情绪要稳定许多。那些爸爸妈妈做对了什么呢？多半是这些"天使宝宝"的爸爸妈妈，在孩子出生后，和孩子的互动中，帮助孩子发展了很丰富的触觉感受。这类孩子的情绪相对就会比较稳定。触觉发展和孩子情绪之间的关系，比你以为的要紧密许多。

触觉为神经组织提供重要的营养，其敏锐程度不但会影响儿童大脑的辨别能力，还关乎着儿童的情绪状态、人际关系和注意力状态，等等。触觉是大脑对外界反应的基础。人类皮薄毛少，对触觉刺激的分辨能力最为多元化，这也是人类大脑特有的分辨、分析及组织能力的基础。人类有别于其他动物，拥有广泛细腻的学习能力，这和人类触觉学习的多元化及复杂化有密切的关系。

触觉对儿童心理发展是非常重要的。个体跟他人建立依附关系的第一个感觉系统是触觉，通过母亲的抱、拍、揉、捏、按等触觉体验，可以帮助婴幼儿建立心理安全感，促进情绪稳定。

相信爸妈都有这样的经历，孩子在哭闹的时候，说啥都没有效果，但是把孩子抱在怀里，抚摸着后背，慢慢就没事了。这是因为，触觉刺激可以增加边缘系统的下丘脑分泌多巴胺，稳定情绪。

有一个游戏可能很多家长都和孩子玩过，这个游戏其实就是非常好的触觉训练。孩子将手伸到被子里，胳膊首先动起来，启动机体感受器及其神经系统。接着，用手指去触摸物体，通过对物体形状、质感等特征的认知，辨认出自己摸到的到底是什么。这个过程不仅启动了手部的精细动作,还触发了有识别物体表面特征功能的触觉感受器,并和已有的感觉记忆去比对。当孩子咯咯地笑起来,说明他(她)的表象和记忆匹配起来了,知道自己摸到的是什么,这种开心,是一个自我奖赏。而这一切的背后,是一套非常复杂的大脑神经的互联互通过程。在这个过程中,会运用到一个最核心的触觉能力——触觉辨认能力。

触觉辨认能力实际上就是指专攻纹理、质感的一种触觉感受器,它叫作默克尔细胞。触摸物品时,物品表面的纹理质感会作用到手指皮肤上,这时,默克尔细胞的触觉感受器就会启动,并将这些刺激信息传导到大脑,大脑再根据这些信息做出反应,判断出物品是什么。

默克尔细胞能够识别持续性的感受体验,是触觉特征的分辨者。尤其是来自物体表面的粗糙程度、曲线、边缘等特征,都可以分辨得出来。默克尔细胞在我们的无毛皮肤上分布最丰富,比如指尖、手掌、脚掌、嘴唇、乳头,等等。所以,这些无毛皮肤的触觉辨认能力是一流的。比如,盲人能够通过指尖触摸而识字,正是因为指尖的默克尔神经细胞在起作用。

触觉辨认能力的发展,看起来是手的敏感,实际上是脑的智慧。把手指间的触觉特征差异,转化成对事物总体特征的概括,再跟记忆中的触觉经验去比对。触觉辨认能力强的孩子,会快速动用脑中关于触觉的记忆和经验库,并对这些信息加以挑选、区分、总结以及推理,这些也正是大脑高级神经功能的表现。

另外,触觉辨认能力,也是感官敏锐度和心理颗粒度的体现。比如,同样的玉石,感官敏锐的人,能触摸到"细腻、温润、透彻"的感觉,但感官不敏锐的人,可能只有"光滑"的感觉。当触摸物品时,能摸到物体表面的细致差别是一方面,能精准地表达也很重要,所以,触觉辨识能力和孩子的语言精细程度也密切相关。

建议

爸爸妈妈要怎样帮助孩子训练触觉辨认能力呢?在讲解具体做法之前,我们先来提醒不要做什么。

第一,千万不要执着于让孩子"乖乖听话"。如果你发现自己的孩子变得不听话了,那可能说明,你的孩子长大了。一个处于快速成长期的健康的孩子,总是有着强烈的好奇心和探险精神。一旦关闭了好奇心,变成乖乖听话的孩子,身体不动了,脑袋也不动了。

第二,不要执着于用简单的字词和孩子讲话。很多家长觉得孩子还小,太复杂的语言听不懂。实际情况是,爸爸妈妈对孩子说话的时候,用的语言越精准,和孩子的触觉感受匹配度越高,孩子的大脑的精致度就越好。

接下来,说一说可以做什么。

想要提升触觉辨认能力,重点在于扩大刺激域。比如,可以把一些物品放在箱子里,让孩子通过触摸来猜测是什么。

物品的种类要足够丰富,孩子小的时候可以去分辨不同的形状。孩子大一点了,就可以去分辨细小物体、粗糙细腻、凸凹纹理、相同相异。手指有多精细,神经反应就有多敏锐。

大脑的触觉反应区,最大的区域是手指,而第二大的区域就是口唇。提升触觉辨认能力的另一个要点是,除了手指、手掌的训练,不要忘记嘴巴和舌头的训练。口腔内的触觉感受器分布非常丰富,在安全卫生的前提下,可以让宝宝用嘴巴、舌头去接触各种物品。抓起来舔一下、咬一口,让口唇的触觉与大脑神经细胞建立更多的连接,提升口唇的辨别力。特别要提醒的是,在这过程中,家长一定要"多说话",用语言来描述孩子口唇接触到的物体的特点。这可以帮助孩子的触觉感知和语言建立起连接。

二、手指灵活的孩子更聪明

导言

有些家长认为孩子小的时候,只要吃饱穿暖,交给谁照顾都差不多,到孩子懂事了,爸爸妈妈再多多参与孩子的教育就好。其实,这是一个误区。孩子年龄越小,爸爸妈妈可以做的事情越多,优质的亲子关系联结,可以帮助孩子打好"基础设施"。比如通过各种宝宝喜欢的活动,锻炼手指的灵活度。在早期,孩子对外界的所有探索,孩子的双手做的每个动作,每一次触摸都会给大脑带去新鲜的刺激,刺激大脑神经元的发育。"开疆拓土",是爸爸妈妈为孩子做的最有价值的事情。

案例

案例一

艾咪(化名)很喜欢翻书,她喜欢把妈妈准备的绘本,一页一页地翻来翻去,但并不在乎绘本里面画了什么,就是觉得翻来翻去很好玩。一堆绘本可以让她玩上半天,翻着玩,叠起来玩,翻开一半再叠起来……换着花样玩得不亦乐乎。

案例二

笑笑(化名)对家里的卷筒纸非常感兴趣。她喜欢把卷筒纸不断地扯出来,手里抓着纸巾的一头,看着卷筒纸在地板上滚动,手里的纸巾变得很长,当小手抓着纸巾拉扯着卷筒抖动,她就开心地大笑。

案例三

10个月大的东东(化名)吃饭的时候,开始拒绝妈妈喂饭,而是喜欢从妈妈手里抢勺子,想要试着自己用勺子吃饭。但是每次尝试,场面都很混乱,粥糊了一脸,菜弄了一身,地上还撒了不少。一顿饭下来总要折腾掉一个小时,妈妈还要打扫卫生。奶奶觉得这样孩子吃得不多还麻烦,反对让东东自己来,坚持喂饭。

解析

每个成年人都会自己用筷子、勺子吃饭,这件事情很简

二、手指灵活的孩子更聪明

单。但是,你记得小时候是怎么学会自己吃饭的吗?你记得自己是怎样练习这个能力的吗?

有人说,养育一个孩子的过程好像自己又重新长大了一次。看看孩子是怎样学习用工具吃饭的——你小时候也是这样过来的。

用恰当的力气抓住勺子,保持食物在送进嘴里之前不会从勺子里掉出来,这对一个小孩子来说可是个浩大的工程。使用工具这件事,背后有着极其复杂的生理机制。深度知觉要足够好,眼睛和手要协调,抓握勺子用力要均匀,机体位置感觉要强,肌肉的稳定性要好,最重要的是勺子碰到碗或碰到嘴要有感觉。这种触觉感受器就是感受振动的帕西尼小体。帕西尼小体决定了手指的灵活程度。

孩子的手指灵活度发展和爸爸妈妈的养育方式、亲子互动模式关系密切。请回忆一下平时是怎样和你的孩子互动的。是否经常鼓励孩子自己吃饭?是否经常和孩子一起玩球类运动?是否给孩子足够的时间、空间可以自由滚、爬?再观察一下,你的孩子平时动手意识强不强,做事情是否喜欢自己来?在不提供帮助的前提下,孩子是否能自己扣好扣子?

手指灵活的孩子,往往能较稳地用勺子吃饭,以后学习使用筷子也比较快。手能够使用这些工具,就是因为我们有这个神奇的触觉感受器——帕西尼小体。它是触觉感受器中的"地震记录仪",它能在皮肤受压的开始和结束时刻发出尖峰脉冲。有了它,我们才可以感受远处传来的微小振动,并及时调整工具的使用。这里要特别指出的是"帕西尼小体"主要感受远处来的振动，一般是来自工具的感受。

"帕西尼小体"对微小振动十分敏感（尤其对 200—300 赫兹的高频振动最为敏感，在这个频段，可以检测到 0.000 01 毫米的皮肤振动），是触觉发育的重要组成部分。有了这个触觉感受器，我们才能便捷、精准地使用工具。比如使用筷子时，虽没有用手直接触摸到食物，但仍然能够通过筷子间接地感觉到所夹食物的大小、质地、重量，及时调整筷子的力度和方向，完成攓菜的动作。所以，攓菜这个日常动作，看似简单，其背后的原理是非常复杂的。

"帕西尼小体"的开发，能够促进孩子的手指灵活度。手指灵活度强的孩子，发展更全面。实际上，很多特殊的专业能力都与手指灵活度相关。比如外科医生使用手术刀、音乐家弹钢琴，其实都是对手指灵活度要求极其高的，这些能力与感受振动的"帕西尼小体"有着密切关系。著名教育家苏霍姆林斯基曾经说过："儿童的智慧就在他们的手指尖上。"这句话充满诗意，也非常科学。

在过去的几年中，科学家们把研究的方向指向了我们控制手指的能力和数学表现之间的联系。手指和数字在大脑中拥有相同的神经实体，特别是在两种能力中都参与实现的顶叶皮层。最近的研究表明，在音乐训练中，身体练习（主要是手指的训练）会帮助孩子更好地发展数学思维。相反的例子也成立——过去的几年中，有一些人在突然失去运用手指的能力之后，他们头脑处理数字的能力也出现了问题。

美国的 MATHCOUNTS 数学竞赛是面向全美初中生的一个比赛，这项竞赛的获胜者通常都精通数学和音乐。获得洛杉矶市 2011 年 MATHCOUNTS 数学竞赛冠军的团队，所有成员除了都是数学神童外，还都会演奏乐器。

锻炼孩子的手指灵活性，会刺激大脑的神经元产生更多的连接，大脑中对手指灵活性做出反应的部分，也是对计算能力做出反应的部分，锻炼手指会持续刺激大脑的那个部分，因此，也会增加计算能力。

建议

训练孩子的手指灵活性，有两个误区要尽量避免。

第一，长时间使用奶瓶。美国儿科学会建议，孩子 6 个月左右可以开始学习使用杯子，12 个月左右离开奶瓶。使用杯子，不仅能锻炼孩子的抓握能力和手指灵活性，还能提高孩子手眼协调能力，促进口唇和咀嚼吞咽能力的发展。一直用奶瓶的孩子，不仅难以改善因为躺着用奶瓶导致的蛀牙、中耳炎等问题，还可能养成吃奶睡觉的坏习惯。

第二，饭后奖励。很多家长喜欢这样对孩子说，如果吃完这个，就有那个吃或玩，弄得吃饭像是一种惩罚。为了得到奖励，孩子也许会很快地自己吃完饭，但却是在应付，很有可能消化不良。

孩子学习自己用勺子吃饭的过程中，免不了会拖拖拉拉，桌上地上身上到处都是米饭和菜渣，家长不要因为这个就着急上火。这些让你头疼的问题，等孩子多多锻炼，手眼协调能力和手指灵活度提升了，就都解决了。

提升孩子的手指灵活性，关键在于多练习，以下推荐两个方法。

第一，多让孩子玩"动态玩具"，不要总是玩静态玩具和平面玩具。动态玩具指的是经常能呈现"动态"的玩具，比如，球类就是很好的动态玩具。球可以以不同速度滚动、转动，可以抛出去再接回来，孩子在接球的时候还能感受到来自不同方向、不同大小的力，感受球与手掌、手指的摩擦。玩球的时候，一方面能锻炼孩子的抓握能力、手眼协调能力，另一方面也是孩子对动态规律等概念学习的好机会。

第二，鼓励孩子多爬一爬、摸一摸。孩子天生就充满着好奇心和求知欲，什么都想要摸一摸、尝一尝。在保证卫生安全的前提下，爸爸妈妈应该尽可能地鼓励孩子去积极探索世界。比如，在温度适宜、安全卫生的房间，可以让孩子少穿或不穿衣服，让孩子肌肤尽可能多的裸露出来，多爬、多摸、多感受这个世界。踢一踢、蹦一蹦、滚一滚，抓起一件东西扔出去，都是很好的锻炼游戏。

三、抓住时机锻炼孩子与生俱来的抓握能力

导言

出生后不久,妈妈将手指放在宝宝手心,宝宝就会下意识地握紧拳头,抓握能力是宝宝的本能反应。这种能力需要后天的锻炼才能越来越协调。孩子通过手的触摸对事物形成最初的认识,同时加强视觉和触觉的联系,促进智力的发展。

案例

圆圆(化名)最喜欢爸爸妈妈带自己逛超市了。每次,爸爸都会把她抱进购物车里,边走边讲,这是什么,那是什么。购物车让圆圆的视角忽然就"高"了,视野开阔了,这让她非常兴奋。她很喜欢伸出手去摸每一件看到的东西,一会儿摸一摸海鲜冰柜的冰块,一会儿去拍拍大西瓜,

一会儿抓起一颗橙子放到鼻子旁边闻一闻,一会儿又去扒拉一下玩具车。

妈妈经常会跟圆圆玩两个游戏。一个游戏是在桌子上放上一些积木,让圆圆去抓,妈妈会观察圆圆抓积木的反应:会不会去抓积木,是会用整个手掌抓积木,还是用小指和手掌抓积木;抑或是能用小指、无名指和手掌"合作"来抓积木,用拇指、食指和中指"合作"抓起积木。妈妈还会和圆圆一起玩抓积木的游戏。第二个小游戏是给圆圆准备一些削了皮的切块水果,圆圆很喜欢这个游戏,因为水果很好吃。妈妈会留意圆圆对这些水果的反应:是不是会伸手抓起水果;是只拿起一块水果呢,还是双手各拿起一块水果;手指抓住水果的时间能有多长。

三 解析

很多小孩子都喜欢跟着爸爸妈妈去逛超市。因为个子矮,孩子们平时站在地上的时候,看到的这个世界都是一条条腿,特别无聊。可是,坐在超市的购物车里,孩子看到的世界和成年人是一样的视角了,琳琅满目的商品扑面而来,每一样都是那么有趣。

小孩子和成年人感知世界的方式不太一样。孩子是用手和嘴去体验这个世界的,在超市里,摸一摸茄子,抓两颗橘子,趁着妈妈不注意还会拿起玩具咬一口。很多家长会阻止孩子

三、抓住时机锻炼孩子与生俱来的抓握能力

这些动手、动口的探索行为。

爸爸妈妈可能没有意识到，当孩子抓起一颗草莓的时候，大脑会基于触觉强度作出反馈，决定用多大的力气去拿这颗草莓。力气太大了不行，太小了也不行。力气大了，会把草莓捏坏，力气小了，草莓会掉下来。能够使用适度的力量，是抓握的前提。抓握的锻炼，会给孩子大脑的神经突触带来丰富的刺激。对照案例中圆圆和妈妈做的两个小游戏，和你的宝宝一起玩一下，在亲子互动中，观察你的宝宝抓握能力发育得怎么样。

有家长可能会问，抓握能力强的孩子，手会更有气力嘛？不是的，抓握能力强意味着这些孩子手指上与抓握能力有关系的触觉感受器更灵敏。这个执行独特使命的触觉感受器，叫作迈斯纳小体，它之所以是抓握能力的基础，在于它能给你抓握物品产生开始和结束的体验。具体来说，就是会在皮肤受压的开始和结束时放电，通过这些电信号，提醒身体随时调整手部抓握的松紧程度。

迈斯纳小体是精准抓握的前提，当你抓握和移动物体时，这个物体会顺着你的皮肤出现微滑动。这时，迈斯纳小体可以检测到这些微滑动，并向脊髓神经元发送电信号，脊髓神经元收缩指尖肌肉，从而提高抓握力，直至微滑动停止。就这样，一系列精准的抓握动作就完成了。

很多精细动作都是依赖手去实现的，幼儿时期，手指活动越多越是精细，就越能刺激到大脑皮层的神经突触连接。有

研究发现,抓握能力强的孩子,手眼协调能力更强,有潜力的孩子,单是手指都能传递不同的情绪。手眼协调能力,在婴幼儿时期家长可能并没有意识到其重要性,到了学龄阶段,孩子手眼协调不好的问题就会在学习上暴露出来。比如,写字怎么都写不好,阅读的时候经常会读错行,也有一些孩子的手眼协调问题会反应在运动上,比如打羽毛球总是打不着球。有家长纳闷,孩子的视力是正常的,肢体发育也是正常的,为什么眼睛和手脚就协调不起来呢?问题多半就出在婴幼儿时期的触觉发育不够充分,特别是抓握能力没有足够发育。所以,家长要在孩子婴幼儿时期就有意识地锻炼孩子抓握,提升孩子的手眼协调力。

建议

既然抓握能力在婴幼儿早期那么重要,我们有没有办法通过一些锻炼来提升小宝宝的抓握能力呢?

儿童心理学家让·皮亚杰提出,0至2岁是感知运动阶段。在这个阶段里,婴幼儿需要通过反射、感觉和动作等与环境的互动来学习。比如,这个阶段的孩子喜欢把玩具一遍又一遍地往地上扔,家长会觉得孩子太淘气了,实际上,这是孩子辨认世界、习得经验的方式。通过扔玩具,孩子能感知物体运动的方向,了解自己的手、玩具和地板的关系。孩子的大脑就是在这一次又一次的感知和运动中得到锻炼和开发的。孩子那么小的时候,就天然地知道自己需要锻炼什么,作为家长,不要人为地破坏了孩子大脑发育的必要进程。在孩子感知发展的萌芽阶段,我们要让孩子充分锻炼。

抓握能力是刺激大脑发育的重要部分,从孩子4至6个月出现抓握意识的时候,就要针对性地进行锻炼了。这个时候,家长常常容易陷入两个误区。

其一,事无巨细地替孩子做事情。比如,有些家长喜欢给孩子喂饭,不让孩子自己用手抓着食物往嘴里放,觉得喂饭孩子吃得多,孩子自己吃会搞得身上、地上哪儿都是,吃完还要收拾半天。喜欢给孩子喂饭,不让孩子自己抓取食物来吃的做法不利于孩子手部抓握能力的发展,还会打击孩子的自主性、自信心。孩子需要不断去探索身边的环境,并在这个过程中进行学习。他(她)触摸到的一切,都是以后成长的素材。

其二,阻止孩子"搞破坏"。实际上,孩子的创造力正是在"搞破坏"中发展出来的。有的孩子能通过自己琢磨就把一个复杂的玩具拆开,再装回去。经常"搞破坏"的孩子,动手能力强,创造力强。

讲完误区,再来讲讲如何帮助孩子锻炼抓握能力。

最直接的一个锻炼方法,就是鼓励孩子用手抓食物吃。适合宝宝进行抓握练习的是"手指食物"。比如,可以为7至8个月的宝宝准备容易抓握的香蕉段、小朵西兰花、红薯条、切块的甘蔗等。9至10个月开始,宝宝能用手捏食物了,就可以准备一些大块的苹果块、饼干等。到了12个月左右,宝宝的咀嚼能力提升,可以为宝宝准备一些饭团、虾仁、肉丸等对抓握能力要求更高的食物。经常这样练习,孩子手部抓握敏感度就会有提升。需要注意的是,孩子不小心将食物掉落的时候,家长不要着急打断孩子,可以让孩子自己想办法处理。突然的打断会伤害孩子的专注力。

另外,爸爸妈妈在家可以做一些简单、环保、卫生的教具,来辅助孩子进行抓握练习。比如跟孩子一起捏面团,这个游戏可以锻炼孩子手指对于力量的把控,还能提升孩子的空间认知能力和语言能力。你可能要问,为什么跟孩子一起捏面团能有这么大的作用?这是因为在孩子用手指进行创作的过程中,会触发大脑对"空间概念"的体验和认知。

四、妈妈越爱说话宝宝越聪明

导言

你是个爱跟孩子说话的妈妈吗？你可能会说,"我的宝宝才几个月大,什么都听不懂"。你观察一下,跟宝宝轻声细语说话的时候,宝宝的表情是怎样的？宝宝的动作是怎样的？宝宝虽然还不会说话,但是会用肢体语言做出反应。不要小看这小小的亲子沟通,这样的沟通越多,孩子听到的词汇越多,学习的就越多,这样的宝宝将来会更聪明。

案例

丽莹(化名)是个全职妈妈,她的宝宝6个月大了。丽莹很喜欢抱着孩子去公园,每天都带孩子去散步、晒太阳,一边散步,一边对着孩子轻轻地说话,说说花园里有什么花儿啊，马路上有什么车呀，孩子经常咯咯咯地笑个不停。

可是，丽莹的婆婆一直反对她这样做。婆婆认为，孩子那么小，就应该天天在家吃吃睡睡，好好长肉，不要带着他到处风吹日晒的。孩子比较瘦，这一点是她的婆婆最不满意的，认为妈妈没把孩子养好。孩子怎么养这件事成了家里最容易产生分歧的事。

贰 解析

新手妈妈丽莹每天抱着不会说话的孩子，不停地和孩子聊天，这样做可以很好地培养孩子的沟通能力。没错，孩子沟通能力的培养，是从孩子不会说话的时候开始的。

那位奶奶可能觉得，孩子那么小，什么都听不懂，跟他聊天没有意义。其实心理学研究早就发现，在沟通的三要素中，语言的内容只占7%，说话的语气占38%，肢体语言和动作占55%。尤其对不会说话的孩子而言，更是依赖非语言的沟通方式来表达他（她）的情感与想法。除了以哭作为直接的沟通之外，他（她）的脸部表情、身体动作、手脚的摆动方式都在传达信息。不管多小的孩子，当爸爸妈妈对着孩子讲话时，父母的声音、语调、表情、动作、情绪等信息，都会被孩子的大脑一股脑儿地接收的。回忆一下，当你抱着孩子揉揉他（她）的小耳朵，或者轻轻拍打他（她）的后背时，孩子是怎么回应你的？这些都是你和孩子之间的沟通。

四、妈妈越爱说话宝宝越聪明

不要小看这个阶段的沟通,在这个过程中,孩子的大脑一直在飞速地学习,并且用表情、肢体动作等做出回应,跟大人进行沟通互动。当大人和孩子越了解彼此的非语言表达模式,他们的沟通力就越强,关系就越紧密。而这一切,都应该在孩子学会说话之前,就要进行锻炼的。

孩子的大脑天生渴望互动。交流是一种原始需求,在胎儿时期就开始了。胎儿先是听到母亲语言中独特的音色、语调、节奏(其实也能听到父亲或他人的声音),出生后能真切地听到之前隔着肚皮听到的声音,并开始观察爸爸妈妈的嘴巴舌头是如何动起来并发出声音的。随着孩子逐渐自如地控制发音器官和呼吸器官,他(她)就可以模仿口舌动作,练习发出他(她)所听到的声音。

在6至8个月左右,婴儿神经通路开始对母语形成模版,能够通过变化嘴形,来发出新的声音,但是此阶段婴儿发出的声音都是"咿咿呀呀"的无意义语言。到9至12个月,婴儿的海马体功能发展逐渐完全,记忆词汇的能力增强,开始对自己的名字有反应了,也开始能够通过语境去理解词语的意思,并开始用词语表达意思。到了13至18个月,孩子的前额叶突触快速扩展,他(她)能够有逻辑、系统性地去思考了。这个时候,孩子就可以理解并运用手势,开始听得懂要求,开始喜欢上听故事。从19个月至2岁,孩子进入语言学习的爆炸区,你会发现他(她)嘴里每天都能冒出新的词语来,会非常喜欢说话、听歌、听故事。

在进入语言爆炸期之前,就要重视和孩子的交流了。这个时期虽然他(她)不会讲话,但是通过触摸、拥抱,还有对孩子展现笑容,都是在进行积极正面的沟通。比如,婴儿时期的啼哭,传递了他(她)的饥饿、疲惫、恐惧、不安、需要关注等信息。及时回应孩子的啼哭,可以传递正面积极的信号,帮助孩子理解沟通和交流的作用。让孩子理解用声音或者其他方式表达需求,是可以被回应的。这就是沟通的开始。

只有被充分回应的孩子,才能理解并学习到如何去沟通。善于沟通交流的孩子,人际交往能力会更强。倾听与表达,是孩子幼年期、童年期、青少年期直到成年期,都非常重要的底层能力。沟通能力强的孩子更善于学习。幼儿在0至3岁听到的言语,会间接影响到其智商的高低。堪萨斯大学的贝蒂·哈特博士带领的研究团队,在20世纪90年代中期跟踪42个不同社会经济背景的家庭,研究了孩子从7至9个月一直到3岁的心理发育过程。研究发现,家庭环境中说话的量越大,所用的语言越积极正面,孩子3岁时智商得分越高。在4岁前,高知家庭和低收入家庭的孩子所接触到的词汇量会产生3000万的差异。而这3000万词汇量会极大影响孩子在数学概念、读写能力、自我管理、执行力、批判思维、情商、创造性、毅力等方面的表现。

📎 建议

爸爸妈妈要如何提高孩子的沟通力呢?

四、妈妈越爱说话宝宝越聪明

很多人以为,孩子学习表达始于1岁半到3岁之间,读书识字开始于一年级,这是一个误区。实际上,这些技能的学习很早就开始了。孩子从一出生就开始学习"交流",交流指的是通过词汇、声音、手势、文字、表情等手段从一个人向另一个人传递的信息。每一句话,每一个声音,每一个表情,甚至歌声、欢笑、哭闹都是在传递信息。而家长,要做的就是慢慢培养孩子的这种能力。

第一,避免"军事化"育儿。这是什么意思呢?有的家长在养育孩子的时候,非常严谨地遵守一些规则,比如几点必须吃饭、几点必须睡觉、吃饭的时候不能闹情绪等,不到时间就不和孩子有更多的沟通和身体接触。这些严格的规定,对一个稚嫩、弱小的婴儿来说,是非常冷酷无情的。这些规矩,近乎于阻断了孩子和家长的沟通渠道,无论孩子如何想要表达自己的欲求,都得不到理解和回应,对于孩子的沟通力的养成是灾难性的。

第二,在日常生活中,主要不靠"嘴"来教育孩子,靠的是情境,靠的是行动。亲子沟通,和小孩子要保持30厘米的面对面模式。可以让孩子摸摸你的耳朵、嘴巴、头发、鼻子、手指。孩子手眼协调性越好,就越能准确地抓住你的身体部位,也可以角色互换进行练习。在进行游戏的时候,语言最好带有节奏性和重复性。

第三,日常简单、重复性的对话,对孩子大脑发育极为关键。孩子每天使用词汇的86%—98%都与父母一致,是父母的每一句话，在塑造着孩子未来所长成的样子。2021年，美国儿科学会主席史蒂芬·伯曼在《儿科学》杂志上呼吁所有学会成员，把这一重要理念传递给新生儿的爸爸妈妈们。他写道："我们应该先开展一个项目，动员父母或其他婴幼儿看护人多跟孩子说话，多鼓励、赞许孩子。"这个简单的建议，有立竿见影的效果。

TIPS

孩子跟真人学习效果好

2005年华盛顿大学学习与脑科学研究所联合总监、语言和听觉科学教授、研究员帕特里夏·库尔博士进行了一项实验，测试能否通过给来自英语家庭的9个月大的婴儿阅读中文故事书，来让这些孩子理解其中内容，并且能够分辨中文中的相似语音单元。这种分辨外来语言中音素区别的能力，通常在婴儿6至12个月大的时候，也就是婴儿开始习惯母语中发音的时候出现退化，而婴儿习惯母语发音的代价就是牺牲他们对外来语言发音的敏感度。

这项研究设计中最有意思的部分是，或者由某个人给婴儿讲故事，或者让婴儿自己看某个人讲故事的视频录像。研究发现，孩子只会对通过现实中接触到的声音学习，不会通过录像视频完成学习。

这个结果表明,社交互动会强化学习过程,很可能是因为由真实的人来完成的讲故事,能让讲述者的眼神集中到故事书相应的物体上,这样婴儿就可以用自己的眼神同步追随。

所以,请记住,孩子跟你的互动能优化学习效果。即便有一些互动屏幕,依旧比不上跟"现实中的你"进行互动的效果好。

五、拥抱妈妈就是拥抱整个世界

导言

生命早期,从爸爸妈妈那里获得的温暖、关爱,能帮助孩子茁壮成长,科学家已经探明了其生理学机制。可以说,亲子依恋,或者亲子联结,是影响孩子心智发育的最关键因素。当孩子拥抱妈妈时,也就拥抱了整个世界。父母与孩子之间不断重复的温暖互动会慢慢植入孩子大脑,形成编码。在父母持续的关爱中,孩子建立起情感依恋和联结感,同时也慢慢形成一种积极向上的人生观。

案例

小麦(化名)刚刚成为妈妈,总觉得自己缺觉,宝宝每隔几个小时就要喂一次奶,小麦常在梦里被宝宝的啼哭声

五、拥抱妈妈就是拥抱整个世界

唤醒,起身到摇篮旁边,把哭闹不止的小家伙抱起来,轻轻地拍拍他,然后把小家伙贴近胸口。小麦喜欢抱着宝宝坐在大摇椅上,轻轻抚摸孩子细软的头发,给宝宝喂奶。有时候,还会哼几句摇篮曲。每次贴近妈妈,开始大口吮吸奶水,宝宝的身体就会放松下来。大吃一顿后,满足地继续睡去。宝宝醒着的时候喜欢黏着小麦,伸开双臂,要求妈妈抱抱。要求得到满足后,小麦的宝宝就会咯咯笑。

解析

孩子特别黏人是种什么体验?走哪儿跟到哪儿,就像妈妈的小尾巴,连做饭、洗澡、上厕所,都要跟着要抱抱。很多妈妈都有过这样的体验,尤其是孩子小时候,无论是玩耍还是哭闹,高兴了不高兴了,都会张开双臂,要妈妈抱抱。爸爸妈妈的拥抱和抚摸,能快速安抚孩子,平息孩子的情绪。这是因为,我们在生命之初是通过触觉与世界建立联结的。当孩子还在妈妈肚子里的时候,与妈妈建立的第一个联结就是通过触觉。出生之后,婴幼儿的视觉还要需要经过几个月的调试才能充分发挥作用,所以他们用手指、脚趾、嘴巴探索周围的环境,获得感官输入,同时从父母的拥抱、抚摸中获得信息输入,通过这两方面的触觉感知,孩子学会了依恋、运动、思考和学习。

婴幼儿生活中的主要抚养人,是婴儿观察世界、认识世界的通道。婴儿一般只能建立与少数几个人的依恋关系。建立情感依恋和联结的关键时期是从出生,甚至从受孕开始算起,一直到孩子3岁,最早的依恋关系一般是出生后7个月就形成了。

对于婴儿来说,安全感的反面是紧张感。婴儿紧张感的来源很多,小至被陌生人抱起来,大到被父母抛弃或虐待。这些压力,会使得婴幼儿大脑释放出化学物质,影响正常的神经活动,进而抑制身体反应。这些压力和恐惧会带来紧张感,如果程度深、时间长,还会影响婴幼儿的大脑功能,甚至为其一生带来持续性心理创伤。

试着脑补这样一个场景:孩子纸尿裤湿了,很不舒服,他开始哭闹,希望引起爸爸妈妈的注意。在爸爸妈妈注意到他的哭闹声之前,他经历了什么?他会感到越来越不舒服,但却无能为力,这使得他紧张甚至害怕。紧张感激发了他敏感的神经系统:他的呼吸急促,心率、血压都在上升,于是更大声地哭喊。这时他的腺体释放出肾上腺皮质激素,调动其能量储备,改变其血液流动,以应对压力。大脑也会产生皮质醇激素,释放到神经系统中。这就是大脑调动资源应对压力的方式。孩子的父亲听到哭闹声,赶了过来,抱起了他,给他换了一张纸尿裤,还轻声地安慰他,摸摸他的手脚。孩子渐渐地安静了下来,依偎在父亲温暖的怀抱中,开始研究起父亲给他的绒布玩具。压力激素也慢慢消退了。

如果孩子的爸爸在外面打电话,没有听到孩子哭,没有及

五、拥抱妈妈就是拥抱整个世界

时回应,那会怎么样呢?孩子的压力反应会越来越强烈。他的情绪会失去平衡,深陷于强烈的焦虑状态中,哭得更厉害。他的大脑处于求生模式。皮质醇和肾上腺皮质激素急剧升高,免疫系统被过度激活,出现炎症反应,大脑额叶功能受到抑制,让他无法关注任何其他事物,深陷在焦虑恐惧的情绪中。

几分钟后,爸爸挂了电话跑过来看他了。虽然他一时间极为焦躁不安,但是爸爸来了,他安全了,激素水平就降下来了。

但是,我们假设,如果很长时间没有人过来照看这个啼哭的孩子,会发生什么?孩子大脑的化学物质将会长期处于"高度戒备"状态,皮质醇和肾上腺皮质激素水平也会持续高涨。这些大量释放的皮质醇和肾上腺皮质激素,会让大脑无法有效地进行认知学习,无法获得新信息。不止如此,压力激素水平过高还会抑制免疫系统功能,也会抑制促进生长的激素。

举这个例子并不是说不能让孩子哭,啼哭是孩子与父母沟通交流的重要方式。在有些情况下偶尔释放出一些压力激素也是有益的,能保护大脑,防止精神创伤。只有持久强烈的压力造成的紧张感才会产生过度的应激反应,它表现在孩子高度警觉、过度激惹的行为上。由此可见,爸爸妈妈的拥抱和对孩子的及时回应在塑造孩子大脑方面是多么的重要。

当孩子和父母拥抱的时候,身体会释放一种叫作内啡肽的神经激素,这种神经激素让孩子感到温暖、舒服、安全,有联结感。内啡肽是疼痛控制系统的一部分，主要由下丘脑产生，在全脑内都有受体。猴子和猩猩利用梳理毛发来刺激内啡肽的产生。当猴子互相梳理对方毛发的时候，有一点像是按摩，跟你看到的母亲给孩子梳理头发的情景几乎是一样的。事实上，梳毛行为就是一种按摩，当通过按摩在皮肤和肌肉上施加压力时，大脑会大量产生内啡肽。除了拥抱，笑也能刺激内啡肽的分泌。

缺乏拥抱的孩子，他（她）的紧张感和压力感会一直处于较高水平。长此以往，会对大脑造成结构性损伤。研究表明，长期处于紧张压力状态下的婴幼儿，杏仁核（大脑中加工情绪的总指挥）和海马体（大脑中承载感情和记忆的部分）、胼胝体（大脑中联结两侧大脑皮层的纤维）容量会大幅下降。这些婴儿的表现是，因为啼哭没有得到回应，感到绝望。即使停止哭闹，但实际上他（她）的皮质醇和肾上腺皮质激素水平仍然很高，也就是说他（她）的压力水平仍然很高。日积月累，会影响到孩子的情感和认知能力。严重的情况下，孩子会无法形成应对普通压力的正常机制。一丁点儿压力都可能导致孩子过度反应、焦虑不安甚至冲动行事。所以呀，孩子抱抱才安全。

建议

爸爸妈妈要做些什么，来帮助孩子提升联结力呢？

提升联结力的核心原则，就是让孩子感受到，由爸爸妈妈所代表的这个世界是可信任的、可预期的、靠谱的。

1. 当孩子哭闹，或者要求抱抱的时候，应该及时做出回应

有些家长认为,孩子一哭就去安抚,孩子会变得娇气。孩子小的时候怎么宠都宠不坏！不管你多么频繁地搂他(她)、抱他(她)、亲他(她),都可以！他(她)想要你抱抱的时候就去抱他(她),一哭就马上去哄他(她),不管怎么关爱,你都不会宠坏一个幼小的孩子。这么做的时候,你正在为培养一个聪明的孩子打下基础。

2. 回应孩子的时候要"大声"

在回应孩子各种反应的时候,爸爸妈妈要把自己想到、感受到的都说出来,这是一种情绪上的沟通。让孩子理解自己的情绪很重要,多用语言描述情绪,多用肢体动作来传达爱意。触摸、拥抱、亲吻对于孩子联结力的养成非常重要。

3. 家长自己要建立有规律的行为应答模式

有些家长一天一个想法,时管时不管,还经常更换主要抚养者,这会让孩子摸不着头脑。如果孩子的主要照顾抚养者,先是月嫂、后是妈妈、再是外婆、接着是保姆,加之不停地换保姆,对于孩子来说,这个世界无法捉摸。在这个阶段,孩子的大脑中正在形成有关这个世界的"图式",在行为与结果、自己

与他人之间找到规律和连接。照顾孩子的成年人如果喜怒无常,行为标准多变,不仅不利于孩子大脑进行学习,还会让孩子对这个世界产生不安全感。

在孩子出生后,爸爸妈妈需要不断地跟孩子增进联结力,让孩子觉得这个世界是可预测的,是值得去爱和被爱的。

TIPS

增进亲子联结的活动
——辨认家庭成员(适合 18 个月至 3 岁)

选 5 个洋娃娃组成一家人。铺好一块餐布垫。跟宝宝说:"看好哦。"

一次拿一个娃娃出来,放到餐布垫上,边做边描述这些娃娃。比如,妈妈可以说:"这个是儿子,他穿着蓝色的短裤,你穿着什么呢?"

拿出另一个娃娃,继续描述它。把娃娃跟孩子身边熟悉的家人或朋友联系起来。比如,妈妈可以说:"这是奶奶,头发白了,你的奶奶头发白了没有?你喜欢和奶奶一起做什么呢?"

接着用其他娃娃继续讲述家庭成员或者孩子认识的亲戚朋友。

这个游戏可以培育大脑的情感通道,培养孩子的社交情绪稳定性,同时也能够拓展孩子的交流词汇。

六、聪明的妈妈懂得给孩子"三权独立"

导言

专注力是学习和成长的基础。专注力差的孩子,和他(她)说为什么要看红绿灯,不能随便冲向马路的时候,他(她)是听不进去的,到了学校,更是难以跟上老师讲课的节奏,因为一点事情就会让他(她)分心。专注力的培养在孩子出生后就可以通过亲子之间的互动来进行。良好的亲子关系是孩子专注力的底层基础。

案例

帆帆(化名)的妈妈经常会接到老师的"投诉",帆帆在幼儿园里的表现很让人头疼。老师在给小朋友们上课时,帆帆会自顾自地站起来,在教室里走动。老师要求帆帆坐下来听课，他坐下安静了一小会儿，就会开始去抓旁边小朋友的辫子，或者拉拉其他小朋友的衣服。大家在一起玩游戏的时候，帆帆经常无缘无故就和别的小朋友打成一团，或者尖叫起来。

有朋友提醒帆帆的妈妈，帆帆的情况可能是注意缺陷与多动障碍（ADHD），妈妈很担心以后孩子到了上学的年纪可怎么办。

解析

根据美国精神医学会的研究，ADHD是现今美国儿童群体中最常见的心理疾病。在美国，有报告显示多达20%的孩子有ADHD症状。帆帆的情况并不是个例，很多孩子都可能遇到。大名鼎鼎的爱因斯坦在童年时代也遭遇过ADHD。

专注力并不是大脑某个中枢的功能，而是一个复杂的反应系统。俄勒冈大学认知和决策科学方面的研究人员在心理学家迈克尔·波斯纳博士的带领下，通过脑扫描和行为研究，发现专注力系统是由3个部分构成的。

1. 机警

首先能够把注意力集中到感兴趣的事物上。对于孩子来说，天生对新异的事物充满好奇心，所以这个部分只要提高刺激的丰富性，就比较容易做到。

2. 转移

将专注力转向到重要的事物上。这个部分需要家长的设计和引导。很多人等孩子长大了才关注专注力问题，实际上这是孩子小时候的大脑神经布线的结果。

3. 保持

将专注力集中在一件事上，同时忽视其他的刺激、想法和情绪。排除干扰才是专注力的关键。

想要保持专注，先要关注到事物，接着将专注力转向这个事物，在这个过程中还要有能够抗干扰的能力，这涉及神经抑制反应的参与。比如，一名记者要赶在截稿时间前写完一篇新闻稿，他要忽略窗外隐约传来的音乐声，以及忙着采访还没来得及吃午饭、肚子咕咕叫的事实。他还需要有延迟满足的能力，如果在一个小时内完成这个新闻稿，就可以放松地享受傍晚的好友聚餐。这些抑制能力主要依赖于额叶的作用，而额叶的成熟比大脑其他部位慢很多。到孩子2岁的时候，用于保持专注力的抑制能力会开始逐步发育，一直到7岁才基本形成，而大脑前额叶的发育一直要到25岁才能完全成熟。

所以，对于未成年的孩子来说，保持专注不是一件容易的事情。尤其是维持注意和抗干扰的部分，对孩子来说很困难，需要家长的引导。

建议

要如何提升孩子的专注力呢？

首先，要想帮助孩子提升专注力，家长需要对孩子的情绪给予足够的关注。你可能会问，情绪和专注力有关系吗？当然有。甚至可以说"有好心情，才有好专注力"。积极正向的情绪有助于专注力的形成。专注力最容易被负性情绪所转移。研究发现，当一个人陷入紧张、焦虑、害怕、抑郁、愤怒或者沮丧的时候，保持专注就会非常困难。我们的情绪状态会影响集中专注的能力。反之，如果处于正向积极的情绪状态，专注能力就会处于比较高的水平。对于孩子来说，如果正处于饥饿或者不安的状态，是不可能专注地玩耍的（对于婴幼儿来说，玩就是学习）。所以，一切训练的前提条件，就是让孩子吃饱喝足、穿着舒适的衣物、处于放松的状态，再和他（她）一起玩有趣的游戏，才能达到最好的效果。

其次，爸爸妈妈在生活中要给孩子坚持"三权独立"的原则。那就是每天都要保证孩子拥有独立时间、独立空间、独立选择。在安全的前提下，每天给孩子安排独立玩耍的时间和空间，并做到不去干扰孩子。任何打扰之前都要有预警，不要粗暴打断孩子的玩耍。比如，孩子在专心玩积木，家长可以先坐到他（她）旁边，拿起积木和他（她）一起搭，然后轻声说："过一会儿我们去洗澡好嘛？"而不是直接把孩子抱起来去洗澡。请回忆一下，你的孩子是不是经常被你打断专注力？孩子缺少安全、完整的空间和时间,都会给专注力的养成带来负面影响。

特别要说的是,对于还不到 1 岁的孩子,家长可以通过触觉的方式来培养孩子的专注力。例如,每天固定时间给孩子做全身按摩,可以一边按摩一边和孩子用积极的语汇说话,引导孩子的专注力。比如,"我们按一下小脚丫吧""接下来,按摩小手",跟随按摩到不同的部位,都用语言和孩子互动。可以增强孩子的触觉定向能力,有助于孩子专注力的形成。

TIPS

最近发展区

最近发展区理论源自苏联教育家维果茨基提出的儿童教育发展观。维果茨基的研究表明:教育对儿童的发展能起到主导作用和促进作用,但需要确定儿童发展的两种水平,一种是已经达到的发展水平;另一种是儿童可能达到的发展水平,表现为"儿童还不能独立地完成任务,但在大人的帮助下,在集体活动中,通过模仿,却能够完成这些任务"。这两种水平之间的距离,就是"最近发展区"。也就是说,最近发展区是儿童在有指导的情况下,借助大人帮助所能达到的解决问题的水平与独自解决问题所达到的水平之间的差异,实际上是两个邻近发展阶段间的过渡阶段。

最近发展区理论告诉我们，当你用各种方式都没办法教会孩子某个技能的时候，很可能这个技能没有在孩子的最近发展区，需要降低一个层级。当你教授孩子的技能在他（她）的最近发展区，孩子通过你的帮助学习到新技能的过程会较快，而且孩子会获得很好的成就感。

七、温度感知能力敏锐的宝宝更有安全感

导言

人类的进化是从水生到陆生的,每个孩子出生后都会游泳,这叫作游泳反射。如果没有及时练习,出生 6 个月后,这种游泳反射就自动消退了。不过,几乎每个小孩子都喜欢玩水。和孩子一起玩水,不管是在自家的浴缸里,还是度假村的温泉池,有水的地方,可能是亲子互动里收获最多快乐的场景。孩子对温度的感知能力与对亲密关系的感受直接相关。妈妈肌肤的温度,传达着安全和爱意,和妈妈之间的亲子联结,是人生第一次开始建立亲密关系。亲密关系从感觉妈妈的体温开始。

壹 案例

案例一

希希(化名)1岁多,特别喜欢洗澡。妈妈发现其实希希更多是喜欢玩水,每次都玩得不亦乐乎,所以顺便爱上了洗澡。具体的证据就是:哪里有水就往哪里跑,各种水盆儿、水壶、鱼缸,甚至地上的水坑,只要能玩到水的地方,都爱伸手去碰。每次都把身上弄得湿漉漉的,妈妈只好给希希多准备几件衣服,弄湿了就马上换。每次希希都玩得不亦乐乎,妈妈在一旁总是搞不懂,女儿为啥那么兴致勃勃地玩水。弄湿的次数多了,妈妈也会有点儿生气,但又拦不住。

案例二

笑笑(化名)2岁的时候就开始喜欢自己洗澡了。每天傍晚,妈妈会给她在浴缸里放好水,放上几个她喜欢的小玩具,笑笑就开始自己洗澡,边洗边玩,水冷了,还会自己打开水龙头加热水。每次都能折腾上好久。洗完之后,卫生间里到处都是湿漉漉的,哪儿都是水。但是笑笑非常享受这个过程。

贰 解析

现在,有很多家长在孩子几个月大的时候,就买个婴儿专用充气游泳池,给孩子在家里游泳玩水,或者带孩子去专业的

七、温度感知能力敏锐的宝宝更有安全感

婴儿会所,让孩子游泳、接受按摩。孩子在游泳池里玩水的时候,身体的大部分皮肤都能够接触到水,对水的温度、压力、浮力、流动等产生最直观的感觉。这些外部的刺激对于几个月大的孩子是非常有益的,能够促进大脑神经元建立连接,促进孩子大脑的发育。

陪孩子玩水的时候,妈妈可以观察一下孩子感受温度的能力,当水的温度变化时,孩子是否马上感觉到并作出相应的反应。有一些孩子,会出现温度知觉迟钝。这类孩子的家长要注意,他们可能会在吃比较烫的食物时因为反应迟钝,烫伤咽喉黏膜,情况严重时,还可能导致喉咙水肿和窒息。对温度的知觉,是儿童对环境适应重要的组成部分,只有发育完好的温度感知觉,孩子才能对外界刺激进行准确快速反应,保护好自己。

我们能够感受天气的变化,也能够感受到水温的高低,这得益于我们皮肤上存在一种专门识别温度的感受器。正因为温度感受器的存在,我们才有了温度知觉能力。温度知觉是由冷觉和热觉两种感受器,接收外界环境中的温度变化信号所引起的感觉。

温度感受器在皮肤表面并不是均匀分布的,在面部、手背、足背、胸部、腹部等位置相对更加密集。所以,想知道一个人是不是发烧了,我们就会用手背去触碰一下他(她)的额头,因为手背对温度更敏感。当周围环境的温度低于 30 摄氏度或者高于 36 摄氏度,即便皮肤温度维持恒定,我们也会有冷

或热的感觉。但是，当外界温度超过 45 摄氏度时，温度知觉会变成痛觉，人就会感觉烤的疼痛。

温度感知能力对于人类来说极为重要，是生存的基础。比如过冷和过热，会让人察觉到危险，并告诉你身体遇到状况了，或者身体的某一部分受伤了需要引起注意，从而保护我们免受伤害。我们知道，发烧了不觉察，可能会损伤大脑细胞。同样，体温下降了，不及时升温，会导致免疫力下降。体温下降 1 摄氏度，免疫力会下降 40%。如果温度感知力迟钝，会让孩子身处危险而不自知。敏锐的温度感受能力，与亲密感的获得也有关系。在婴幼儿时期，妈妈温暖的怀抱是孩子早期安全感的最重要来源。感知温暖，才能感到安全。可见，温度感知能力不仅保护我们不受伤害，还给予我们情感上的联结。

建议

爸爸妈妈可以因地制宜帮助孩子锻炼温度感知力。

温度感知能力这么重要，爸爸妈妈应该有意识地去帮助孩子锻炼温觉敏感度。在介绍具体的方法之前，有一个家长经常忽略的事情需要提醒一下。

那就是不要给孩子穿太多。一到秋冬，很多去医院就诊的孩子，都不是冻病的，而是捂出来的。很多时候，家长自己感觉冷了就觉得孩子也冷，给孩子穿很多衣服。实际上孩子自身代谢快，活动量也很大，穿得太多，身上一直出汗，衣服都是潮湿的，很容易生病。而且，如果因为穿得太多孩子的身体

七、温度感知能力敏锐的宝宝更有安全感

一直处在燥热状态,对温度的敏感度会下降。

孩子温度知觉能力的锻炼,可以因地制宜地进行。

陪孩子"戏水"。在儿童泳池玩耍的时候,爸爸妈妈可以用语言描述水的温度,引导孩子观看水的形态变化,让孩子感受水的流动性。还可以在冲浪区,让孩子感受来自水的阻力。对于孩子来说,这些都是非常有趣的体验和学习机会。

平时,爸爸妈妈可以让孩子尽可能多的触摸不同材质的物品。大理石地板、不锈钢杯子、玻璃窗、羊毛地毯、竹筷子……因为热传导速度不同,它们摸起来的温度是不一样的。除了触摸不同的物品感受温度差别,在不过敏的情况下,也可以试着让孩子穿不同材质的衣服,纯棉、亚麻、丝绸、天鹅绒……不同材质的衣服,接触到皮肤时的温度感觉也是不一样的。

孩子大一点了,可以一起玩小卖部的游戏。准备几种饮料,热牛奶、冰果汁等,让孩子当售货员,先摸一摸感知一下不同饮料的温度,然后大人当顾客,可以说:"天气好热,我想要喝冰的饮料,有什么可以推荐给我呀?"让孩子选出顾客想要的饮料。这些触摸体验练习,不仅能提升孩子的温度敏感力,还能增加孩子的好奇心和创造力。

八、和宝宝一起用爬行探索世界

导言

你的宝宝爬得好不好?

爬行对于孩子的成长是一个很重要的里程碑,他(她)可以开始自己探索世界了。爸爸妈妈可以在宝宝学习爬行的过程中增进亲子关系,同时,也可以观察宝宝的肢体协调能力是否优秀。有些感觉统合方面有问题的宝宝,在肢体协调上会反映出来,爸爸妈妈可以参照并及时增加一些游戏训练。无论如何,作为家长的你,在这个阶段都有了一个重新回到童年的理由——和宝宝一起爬起来,宝宝开心,爸爸妈妈也很解压呢。

案例

几乎每个小孩子都会有一段时间,很喜欢在家里的桌

八、和宝宝一起用爬行探索世界

子下面钻来钻去，在一些家具当中钻来钻去。但是，阿泽（化名）在这个事情上，有点不一样。几乎每次他钻到桌子底下的时候，都会撞到头，经过窄一点的过道时，也会撞到旁边的东西。阿泽的爸爸妈妈有点担心自己孩子，早教机构的老师告诉他们，阿泽的问题是肢体协调能力比较弱。

解析

爬行，是孩子自主探索世界的开始，也是孩子的思维和判断能力得到发展的重大里程碑。爬行不仅促进大脑发育，大幅度锻炼孩子手眼协调和大动作能力，也让孩子以全新的视角重新认识世界，学习如何躲避潜在危险。

"爬得好"对孩子非常重要。陪着孩子一起爬，可以增进亲子联结，当自己和孩子处于同样视角看世界的时候，爸爸妈妈对孩子的感觉能有更多的代入感。很多早期教育专家会鼓励家长让孩子多爬，除了多练习爬行，爸爸妈妈还要关注一个皮肤上的触觉感受器，它叫鲁菲尼小体。这个触觉感受器的灵敏程度和孩子肢体协调性密切相关。

对于年龄比较小、还不会走路的孩子，肢体协调主要表现在手眼协调。比如，看到一个摇来摇去的玩具，是不是能抓住。孩子爬的时候，身体是不是灵活，动作是不是流畅。等孩子稍微大一些，能够走路的时候，身体协调就延伸到了眼脚协调、手脚协调和肢体动作的整体协调能力。

肢体协调能力，离不开大脑对外界刺激信息的过滤和反应能力，尤其是来自触觉的感应速度。快速灵敏的触觉感应，能及时通知大脑身体遇到了什么情况，这都与触觉感受器"鲁菲尼小体"有关。它能敏感地检测到我们皮肤受到的挤压情况，通过识别这些皮肤拉伸信号，为大脑提供肢体的形状与结构信息，接着大脑就可以做出反应了。例如，当肘关节弯曲时，肘部的皮肤会拉伸，这些触觉信息就告知了大脑手臂的位置情况，以及它已经为某些动作准备就绪了。我们通过这种独特的触觉感受器，来感受世界以及自己身体的细微变化，进而做出行为反应。想象一下，如果指挥一个机械手去拿起一粒葡萄而又不会把葡萄挤破，得有多复杂的程序设计才能做到，而这种算法，孩子在很小的时候就已经学会了。

身体比大脑更早知道危险。快速识别环境中的细微变化并做出反应，是远离危险并自我保护的前提。肢体协调能力好的孩子，能更快速地识别危险并保护自己。除此之外，肢体协调能力强的孩子还拥有更多"运动自信心"。因为这类孩子更愿意主动参加运动。随着练习次数的增加，运动能力自然更强。肢体协调力比较差的孩子，会没有信心参与运动，慢慢地开始抗拒玩耍，久而久之，自信心会降低，会排斥参与集体活动，不喜欢交朋友。所以，大人要把握住孩子成长的早期阶段，多陪孩子玩耍及锻炼，让孩子拥有"运动自信心"。孩子们最初的优势是身体优势。不让孩子输在起跑线上，那起跑线一定是在身体上，不是在脑袋里。

八、和宝宝一起用爬行探索世界

> **建议**

爸爸妈妈如何提升孩子的肢体协调能力呢?

进入 8 至 12 个月,孩子变得越来越好动了,除了爬得越来越快、越来越远之外,他们开始尝试站立和行走,还会用一些动作来表达自己的喜好和情绪。这些都是孩子身体、心理进步的表现,也正是开始提升孩子肢体协调能力的黄金时期。如何在黄金时期提升孩子的肢体协调能力呢?

1. 多鼓励尝试

如果孩子的动作比较慢,动作不到位,家长要有耐心,多鼓励,别急别催。因为这个时期正是培养孩子心理弹性,也就是抗挫折能力的好机会。孩子的心理能量,是在和爸爸妈妈的朝夕相处中,慢慢形成的。孩子如果发现,自己一旦做得不够好,大人就会指责,那么孩子就会产生消极情绪,还会做出一些为了避免指责而不去竞争和努力的行为。所以,趁着孩子还小,一定要多和孩子玩耍,多鼓励他们去尝试。成功不重要,尝试最重要。玩耍中不仅锻炼了身体,也提升了孩子的心理弹性。

2. 多做球类运动

6 至 8 个月的孩子会抓握了,正好可以抓起小球把玩。但这个阶段,孩子上肢力量还不算太好,他们也许会有意识地拿起小球并扔掉，做出一个投掷的动作。只不过，这个时候的投掷可以说毫无准确度可言，也毫无目的性。对于孩子的这些动作，家长不要觉得麻烦就生气阻止。到了孩子 8 至 12 个月的时候，可以玩稍大一些的球。随着孩子运动能力的发展，他们对皮球的处理方式也开始变化。会对皮球做出拍打、滚动等动作；到了 1 岁之后，孩子已经可以非常协调地抓和捏了，这个阶段的孩子会有意识地去拿起球，然后扔掉，再拿起。孩子喜欢这样做并不是调皮，而是他们正在探索可以怎样操纵球这个物品。这个时候，家长可以和孩子一起坐在地板上，让球在你和孩子之间来回滚动，锻炼孩子判断距离的能力以及眼手协调的能力。如果孩子能够准确地接到球，说明他们的协调能力不错。

3. 多与孩子一起用身体读书

在孩子 3 至 4 个月之后，爸爸妈妈就可以开始带着孩子看绘本了。可以让孩子靠在妈妈怀里，妈妈一边讲故事，一边让孩子自己去翻书。翻书这个动作可以锻炼孩子手指精细动作的发展。除了让孩子自己翻书，还可以和孩子一起表演书里面的剧情，增加肢体的运动和模仿。通过这种方式，不仅可以提升孩子的肢体协调能力，还能提升孩子的创造力。大孩子读书用脑袋，小孩子读书用身体。

九、安全教育从"冒险"和疼痛体验开始

导言

孩子能够自己在房间里自由活动了之后,家长的紧张程度会指数级增长,生怕孩子弄疼了自己,更害怕孩子做出什么危险动作。摔跤、磕碰是孩子长大过程中不可避免的经历,爸爸妈妈是孩子的保护者,都会想着保护孩子不要受伤,但是,让孩子知道什么是疼痛,怎样应对疼痛,识别与之相关的危险,是爸爸妈妈在保护孩子的过程中更需要做的。

案例

东东(化名)的妈妈特别焦虑,因为1岁半的东东总是到处爬,还喜欢抠小洞洞,有一回差点儿把手指伸进电源插座里,可把妈妈吓坏了,白天上班都不放心,每隔1小

> 时就打电话回家,看看孩子是否安好。
>
> 后来,另外一位家长教了东东妈妈一个方法,当孩子靠近插座要去摸的时候,用打火机里的火石,触碰孩子的手,孩子会感受到触电般的疼痛,但火石的电流不会造成伤害。当孩子体验到疼痛后,再给孩子解释触电会有怎样的危险后果。这一招很有用,东东疼过之后,再也不去碰插座了。

解析

痛觉是生命的一部分。痛觉,会拉响我们大脑中的安全警报,让我们远离危险。孩子体验到触电般的疼痛后,大脑记住了这个危险,并且会远离它。是疼痛保护着我们。发育健康的孩子,痛觉信息的传导速度往往是比较快的。

痛觉感知能力是我们生存的基础。能够应对疼痛和因疼痛产生的情绪,也是对孩子认知能力的一个考验。这就意味着,孩子不仅要有足够的痛觉敏锐度,快速识别并躲避危险,也要有能力在危险发生时,可以不恐慌,镇定应对。

你可能要问,那么,痛觉感知能力到底是什么?

痛觉是人体受到伤害性刺激时产生的一种不愉快的感觉,通常伴有情绪变化和防卫反应,痛觉具有保护性作用。接收痛觉刺激的痛觉感受器是一种广泛分布在皮肤中的自由神经末梢。我们身体不同部位对痛觉的感受性不同,其中背部

九、安全教育从"冒险"和疼痛体验开始

和脸颊感受性最高,而手掌和脚掌的痛觉感受性较低。有趣的是,我们的大脑是没有痛觉感受器的,所以神经手术可以在局部麻醉的患者意识清醒的情况下完成。

痛觉往往伴有强烈的情绪反应,如恐怖、紧张不安等,往往都是负面的情绪。研究发现,痛觉回路与情绪回路的共享性非常强烈。许多其他神经递质也是如此。当你调节情绪时,同时也在大幅调节着痛觉响应机制。从这个角度来看,有一些不知缘由的不愉快情绪,可能与身体的疼痛感有关。如果能感知到具体的痛感,反而能安抚不愉悦的情绪。痛觉是可以保护我们远离危险的机制。痛觉感知能力强的孩子,往往可以快速地识别危险并做出反应,保护自己。而痛觉感知能力差的孩子,反应比较迟钝,不能在第一时间根据情景作出行为调整,容易将自己暴露在危险之中。

建议

爸爸妈妈要如何提升孩子应对痛觉的能力呢?

1. 不过度保护,而是要培养孩子的安全意识

很多家长把孩子保护得太好了,有的孩子甚至没有摔跟头的经验。

挪威心理学家艾伦·桑德斯特发现,如果孩子没有机会用社会可接受的方式体验冒险,有些孩子可能会转向更鲁莽、极端的行为,比如打人、做危险的举动,等等,还有一些孩子可

能变得更懦弱、胆小。

正确的方法应该是在我们能掌控的范围内,让孩子多一些冒险体验、处置危险的体验和模拟练习。在这个过程中,要用孩子听得懂的语言说明,并告诉孩子应该怎么做。具体包括:①让孩子学习基本的安全技能,比如,在孩子摔倒的时候,让他(她)认识到什么样的动作能更好地保持平衡;②培养孩子对危险的敏锐度。

根据不同年龄阶段的孩子的发育特征,有以下安全常识要告知孩子。

6至12个月:是孩子从刚会爬到学会走路前的阶段。这个阶段大人要一直看护孩子,给孩子一个安全、卫生的"爬行空间"。家长可以学着孩子爬行的样子在家里面到处爬一遍,摸一摸,看看在这个视角能看到什么,会接触到什么。需要特别注意的是,不能有高处坠物。大人站着的时候看到的花瓶和孩子摇动桌子腿时的花瓶,它的危险系数是不一样的。在地上爬的时候,你会发现家里有很多带有尖锐棱角的地方,那就要做一些软化处理。有好多的电源插座,需要做绝缘处理。厨房和阳台对小孩子而言是最危险的地方,建议加装围栏。可以开关的门也是危险的,建议固定一下,不要让门缝夹到孩子的手。窗帘和桌布也是危险的,孩子的拉拽可能会诱发不可预知的后果。

12至18个月:这个阶段孩子开始学走路,有的时候会小跑,但是孩子的平衡感比较弱,很容易跌倒。他们会喜欢扶着

九、安全教育从"冒险"和疼痛体验开始

墙、沙发和床走路。这个阶段孩子已经可以听懂大人的话了，所以要告诉孩子：不能一边走路，一边吃东西，筷子和勺子不能放在嘴巴里面玩。告诉孩子不要去爬高，也不要站在高处往下跳。还要告诉他们，哪些水是不可以喝的，如水龙头里的水和马桶里的水。

安全教育的目标是"让孩子安全"，并让孩子拥有安全意识和危险应对能力。随着孩子年龄的增加，自我保护意识的增强，他们也越能发展出自尊、自爱、自信的品质。

2. 大人要冷静。孩子磕着碰着，会疼痛会害怕，是正常现象

如果家长反应过于激烈，比如大声指责、批评，或是惊恐、焦虑，都是在让孩子把疼痛感觉和负面的情绪做连接。渐渐的，孩子会产生自责和恐惧的心理，进而影响孩子的性格。因为不希望看到家长的负面情绪，孩子可能会学习压抑自己的情绪和感受。久而久之，不止是痛觉感知，孩子的其他感知系统也都会钝化。当孩子磕碰的时候，家长应该做的，是关切但不夸张地问一下"感觉怎么样"。在孩子向你寻求帮助之前，不主动帮孩子，当孩子表示出需要你的时候，不要拒绝。大多情况下，如果孩子没有摔得很痛，可能直接拍拍屁股就玩去了。大人不要过度反应。

3. 帮助孩子合理应对因疼痛而产生的情绪

疼了,就处理疼,不要把愤怒、责怪、内疚加进来。不要说"都是桌子不好,打它",也不要说"你自己怎么不看着点"。帮助孩子理解疼痛感觉,处理好情绪,可以消除疼痛这层神秘的面纱。比如,小孩子都害怕去医院打针。平时在家,妈妈可以和孩子玩情境游戏,用角色扮演去让孩子体验各种情绪,包括担心、害怕、焦虑等负面情绪。并用孩子能够理解的语言,告诉孩子在医院会发生什么,让孩子自己体验看病的过程,有利于帮助他们释放紧张的情绪。到了要带孩子去医院打针时,可以带一件孩子喜欢的玩具,缓解孩子的压力。在孩子打针的时候,可以这么对孩子说:"扎针的地方会痛,但就是那一下子,然后就不痛了,身体也就好了。"而不是说,"一点都不痛""不要这么胆小"。更不可取的是,有的家长会骗孩子,明明去医院打针,但是却说"我们不打针",结果一到医生那里,就把孩子按住,强行给孩子打针。这样的经历,只会让孩子越来越恐惧医院和疼痛感,也降低了对大人的信任感。

第二篇

多人游戏引导行为

一、当孩子说了"对不起"却不改正

专家支持

杨明智,艾叔叔教研社创办人,从事婴幼儿教育(0至12岁)20多年,拥有丰富的教学、管理实务经验。重视亲师之间的沟通,善于体察孩子与家长所遇之问题并适时提供解决方案。

导言

孩子的行为会透露出在亲子关系中,爸爸妈妈和他(她)的互动、对他(她)的要求以及教养方式。当一个孩子知道自己犯错了,马上就会说"对不起",但之后却没有真正改变,这意味着什么呢?对孩子来说,那句"对不起"只是平息父母怒火的工具,而不是犯错后的承担。于是,爸爸妈妈的气消了,孩子的错还在,而且周而复始。

案例

案例一

阿朵（化名）对妈妈梳妆台上的瓶瓶罐罐很感兴趣,会趁着妈妈不在家的时候,拿妈妈的口红、眼影、腮红在自己脸上抹,抹得脸上红一块紫一块,还有一次把自己弄成了"熊猫眼"。妈妈告诉阿朵,擅自乱动妈妈的东西是不对的。这些化妆品也不适合小朋友使用,会造成过敏。阿朵每次都会跟妈妈认错,保证不再这样做了,但是,过后又会去拿,说了屡次都不改。

案例二

这个学期小铭（化名）的爸爸妈妈已经被班主任老师找过四五次,每次都是因为小铭在学校里欺负同学,有几次是打人,有一次是翻同学书包,拿了老师奖励给同学的"星星奖券"。被欺负的同学家长,跟小铭的爸爸在家长群里怼起来。小铭的爸爸每次都说:"我们小铭做错了,已经道歉了。"其他同学的家长听了特别生气:"每次道歉之后还是故技重演,还是打人,道歉有什么意义?"

解析

当一个孩子犯错时会说对不起,但并没有真正改变,那他（她）背后多半有一个对孩子行为漏洞过度关注的家长。只要

一、当孩子说了"对不起"却不改正

一犯错,家长就要求孩子说"对不起",可是,在让孩子说"对不起"的同时,家长却忽略了帮助孩子分析犯错的原因,以及树立承担责任的意识。

教养孩子要从认识、情感、行为三方面去进行,管教不是讲理(认知)就好,还要有情感的体验(情感)和让孩子负起责任的行动(行为)。孩子做错事情,不是一句"对不起"就可以了,父母管教的重点应该是让孩子认识到他(她)做的事会造成什么后果,以及要为这件事承担怎样的责任。

以下的场景,可能在大多数家长和孩子亲子互动中都会遇到,作为家长,你是否意识到,这些场景里,藏着有关"承担责任"这个成长关键词的行为辅导策略。

打碎碗碟——当孩子打碎了碗碟,家长可以引导孩子把打碎的碗碟收拾干净,孩子在收拾的过程中不仅锻炼了身体的大小肌肉,还增强了承担责任的意识。同时,家长可以在这个过程中告诉孩子,陶瓷碗是会打碎的,这样孩子在下次使用碗碟的时候会更加细心爱护。

孩子用画笔在墙上涂鸦——家长可以与孩子一起把墙面擦洗干净,然后告诉孩子在适合的地方涂鸦,比如属于孩子的画册。家长可以以行动示范什么是该做、可以做的事情,帮助孩子建立规则。

玩的时候不小心撞到了别人,一开始孩子不愿意承认是自己的错,拒绝向别人道歉——这时父母需要耐心引导,告诉孩子错在哪里,为什么错了,当孩子真正理解了原因,就会发自真心地去给别人道歉了。这样不仅能帮助孩子养成规则意识，还培养了共情能力。

父母的以身作则。孩子最喜欢的模仿对象就是父母，所以当父母做错了事情时，也要同样的在孩子面前"承担责任"！想要孩子有效地承认错误，就要建立孩子的责任感。

辅导孩子行为之后，更重要的是，让孩子获得思考问题和解决问题的能力。

关于思考能力的培养：爸爸妈妈可以询问孩子事情是怎么发生的。让孩子进行思考并且说出来。需要注意的是在这个过程中，家长不要着急做是非判断，也不要用"为什么"作为询问的开头词语。因为"为什么"这个词，带着责备的意思，可能会让孩子担心受到责备而选择不讲真话。

关于解决问题能力的培养：当孩子思考后说出事情的发生经过，接下来爸爸妈妈可以引导孩子，问问孩子下次如果再遇到这种状况会怎么做？让孩子开始学习碰到此类情况时要如何应对。

你可能想问，孩子几岁开始才会真正了解"对不起"的意义？

大约3岁的时候，孩子就能够了解事情发展的前因后果。如果孩子对于前因后果的理解能力还未发展成熟，就无法判断行为不当的原因。

如果孩子轻易说出"对不起"这三个字，家长可能需要思考，那是不是一种直觉的反应。家长可能需要多给孩子一些

一、当孩子说了"对不起"却不改正

时间,因为孩子还无法理解某些行为导致某种结果,但至少知道了自己犯错时,要说"对不起"。而接下来,则是父母的引导出每句"对不起"的真正含义。

比方说,姐姐抢了妹妹的玩具,妹妹难过得哭了,姐姐说出"对不起"。这句话的背后,是因为姐姐看到妹妹哭,感觉自己做错事,还是姐姐知道随便抢人家玩具是不对的行为?

这时父母应该要慢慢地用问题引导孩子思考,比如:"今天如果有人抢走你心爱的玩具,你会怎么样?"让孩子从自身体验出发,去思考"对不起"的前因后果。

孩子知道怎样才是真心道歉吗?相信许多父母都曾经对孩子说:"你的对不起没有发自内心,没有真心悔改。"或是跟孩子说:"你都没有真心道歉!"但是,到底怎样才叫作真心?这对孩子来说太过抽象,大人都不容易了解,何况是孩子呢?

这时的父母应该去引导孩子把心里话说出来,而不是责备或要求孩子真心道歉,当孩子根本不了解其中的含义,无法做出符合家长的期许时,久而久之,孩子就不知道该如何道歉。慢慢的,要孩子说出"对不起"就会特别的困难了。

建议

爸爸妈妈要教会孩子道歉的步骤。教导孩子道歉是可以循序渐进的,这里有 4 个简单道歉步骤,可以让孩子透过道歉去反省自己的行为。

1. "对不起,因为我……"

"对不起"只是一个简单的字汇,但是为什么孩子要说"对不起",这是需要让孩子去思考的。大人可以反问孩子:"你做错了什么事情?要怎么说对不起?"引导孩子说出:"对不起,因为我……"让孩子知道自己需要道歉的原因。

2. "刚才我那样是不对的,因为会让你……"

说出"对不起"的原因之后,孩子需要以同理心去思考,站在别人的角度去想想,他(她)的哪一些行为可能会导致他人的不舒服、不开心。如孩子不知道怎么回答,大人也可以引导孩子去思考:"如果一样的事情发生在你身上,你感觉怎么样?为什么你会有这样的感觉呢?"

3. "以后我会……"

说出"对不起"之后,孩子需要为自己往后的行为做规划,如果孩子只是单纯知道当下的行为是不对的,不对的行为会影响到别人,却不会思考之后同一个情境发生时,自己会有什么不一样的行为时,"对不起"对孩子来说,就不会有深刻的印象,孩子日后的行为也不会有太多改进的空间。

4. "所以你能原谅我吗?"

当然,获得他人的原谅,才是"对不起"的重点,如果对方

一、当孩子说了"对不起"却不改正

不愿意原谅,孩子应该要思考怎么才能让他人原谅。许多时候,说出"对不起"是容易的,但是要获得他人原谅却不是这么简单。孩子应该要了解这点,这样就能体会到做错事的后果并不是这么简单的,也不是所有人都会选择原谅的。

二、你在建立规则还是在"贿赂"孩子

专家支持

杨明智。

导言

"如果你乖乖吃饭,等一下就可以吃零食饼干""如果你都不哭闹,我就给你手机玩",这样的话,是不是有点似曾相识,你对孩子说过吗?

试想一下,每天3顿饭,每次乖乖吃完就有零食饼干,你就是对孩子做了3次催眠:"零食饼干很重要! 零食饼干很重要! 零食饼干很重要!"每次不哭闹就有手机玩,你就是在培养孩子的潜意识:"手机可以停止我的哭闹!"

用交换条件来"贿赂"孩子达成某个事情,不是积极的亲子沟通方式,要给孩子建立规则而不是交换条件。

二、你在建立规则还是在"贿赂"孩子

案例

小眉（化名）的宝宝很喜欢跟妈妈谈条件。比如，小眉要求宝宝自己吃饭，不要让外婆喂饭。宝宝会提出条件："我自己吃饭，那你要给我看动画片。"小眉要宝宝乖乖午睡，宝宝就会提出来："我乖乖午睡，下午要给我吃冰激凌。"有时候，宝宝还会跟小眉讨价还价："我才不要动物小饼干，我要去公园玩。"到了晚上睡觉时间，宝宝听了一个故事又一个故事，还不满足："为什么我要那么早睡觉，你们都不睡？你们不睡我也不睡。"

解析

如果孩子遇到事情就爱跟大人讲条件，这样的情况是从什么时候开始的？多半这类情况是爸爸妈妈先开的头，在某次对孩子提要求的时候，给了一个条件，比如"如果你乖乖坐好，我就给你玩具""你把饭吃完，我就会让你喝果汁"。这些让孩子可以马上动起来的"条件交换"，代表孩子是为了家长给出的诱因而做出让家长满意的表现。对于这类方式，孩子很快就会学习，并用来跟家长谈条件。给孩子奖励，不能含有任何"控制"成分，控制与自我挑战、能力满足无关，这叫作"贿赂法"。类似上面的例子，乖乖坐好有玩具、吃完饭喝果汁，都是控制，这样的奖赏会强化孩子想要交换得到的"好处"，而不

是让孩子明白这些是应该做的事情。

　　心理学研究发现，如果经常用东西跟孩子交换，孩子就会被你暗示，从而更喜欢那样东西，最后导致不是因为饿才去吃饭，而是因为果汁或者零食才吃饭。这种行为的危险性在于，如果大量用这种交换条件去换取孩子要做的事情，他（她）的内在动机就会丧失。而且，孩子可能会觉得奖品不够丰富就不做，开始讨价还价。

　　不同的年龄层，奖赏技巧也应该不一样，10个月左右的孩子，就会开始会做出"展示"的讨赏行为，借此得到大人的注意力。所谓"展示"，家长们最常遇到的例子就是幼儿把水喝光后，把杯子举得高高地给大人看，期待大人的赞美与肯定。在这个行为的背后，我们可以发现，孩子并非要物质上的满足，而是更喜欢与大人的互动。所以，期望2岁以下的幼儿有好的行为，就要留意孩子的"展示"行为，给予大量的积极的回应，才是最重要的亲子互动。

　　家长过于频繁地使用交换条件的方式来要求孩子完成一些事情，时间久了会给孩子带来很多负面影响：孩子的情绪稳定度变差，经常哭闹不休；手指精细协调性变差，有的孩子还会变得没有耐心操作玩具；沟通能力变差，不喜欢与人交谈，也无法好好表达自己的想法；玩游戏的专注力变弱，搞不清楚游戏规则，也跟不上活动进度。

　　爸爸妈妈当然可以奖励孩子一些好的行为，比较恰当的做法是怎样的呢？例如：当孩子吃饭还剩下几口，开始不专

二、你在建立规则还是在"贿赂"孩子

心,说自己吃不下的时候,妈妈可以跟孩子说:"加油!后面有水果在等你!"这种表达是对孩子努力的赞赏。

有研究发现,一个好习惯的养成时间及次数,是坏习惯的3倍以上。孩子的好习惯没有养成,有时候是因为爸妈撤退得太早,一个方法试了一两次就放弃,这其实又暗示了孩子,"你看,我只要拒绝,妈妈就会换一个方法"。于是陷入无限的循环。

所以,在尝试一个新的方法的时候,爸爸妈妈要温柔而坚定地鼓励孩子努力达成"任务",让孩子明白,爸爸妈妈不是无原则的。同时,爸爸妈妈也要以身作则,比如,妈妈和孩子一起吃饭,把碗里的饭菜都吃光,给孩子看到,妈妈是一个榜样。

建议

1. 在某些情况,不要给孩子"有选择"的权利

有时候,虽然给孩子奖励,或是给他(她)一点弹性选择是应该的,可是为了奖励孩子给予奖励的空间,反而会让孩子学会讨价还价,甚至如果不是他(她)想要的奖励,可能就不做了。所以大人要判断,如果这是本来应该要做的事情,就不能轻易妥协,也不要给予奖励,要让孩子觉得这是应该做到的,而不是可选择要做或不做的事。

2. 要谈条件,不如画底线

在亲子关系中,给孩子建立规则是很重要的事情。爸爸

妈妈要给孩子一个明确的方向，什么是对的、错的、能做、不能做的，在规则之下，让孩子学着为自己的言行举止负责。一旦确立了规则，爸爸妈妈要以身作则，并且严格遵守，不要爸爸做一套，妈妈做一套，两套标准会让孩子找漏洞钻。

3. 可以给孩子弹性，但决定权在爸妈

　　当规则已经明确，例如什么事情是必须、应该完成的，哪些事情做到更好的时候予以奖励，规则之下可以给孩子多少弹性，爸爸妈妈都要掌握得很清楚。记住一个重点，就是孩子一定会有做不到、忘记的时候，这时候也要有适当的"惩罚"，让孩子承担后果。不要急着帮孩子解决问题或善后，给孩子机会学到教训，才会让他们在挫折中得到成长。

4. 正面的语言及时肯定孩子的具体行为

　　把"你真棒"这种笼统的表达，换成"哇！你真细心，桌子擦得真干净"这类语言，增强孩子的内在行为动机。

5. 与孩子一起规划属于自己的空间

　　建立相应的责任规则，让孩子学习整理自己的空间。在这个过程中，家长一定不要包办替代，让孩子自己去感受整洁与脏乱，并承担相应的责任与后果。

6. 创设情境，而非任务

用平等、尊重的语言与孩子沟通，并用游戏、有趣的孩子乐于参与的方式。

7. 一起感受成果

在共同创造了干净美好的环境或是完成某件事情时，可以引导孩子体验成果的美好。比如，一起大扫除之后，可以邀请孩子喜欢的好朋友来家里做客。奖励不一定是物质化，而要与孩子的行为相关联。

三、我们一起玩好吗

专家支持

李菁,星光幼儿园教师。

徐恒,国家二级心理咨询师。

导言

孩子进入幼儿园后,就迈出了社会化的脚步,开始和其他小朋友交往,跟同龄人一起学习新的本领。在幼儿园的环境中,孩子表现出来的行为,可以反映出孩子家庭教育的情况以及亲子关系的特点。一些看似发生在幼儿园里的状况,根源是在家庭教育,家长和孩子的亲子互动可以帮助他们练习如何与其他人沟通。

三、我们一起玩好吗

案例

天天(化名)的妈妈向幼儿园老师反映,天天回家告诉她,在幼儿园里经常有小朋友打他,他都哭着不想来上学了,希望老师教育好小朋友,不要让他们乱打人。天天的老师觉得很奇怪,虽然自己班是有几个调皮的孩子,但总不会严重到如此吧。不过,老师还是答应了天天妈妈的要求,会多留意,不让其他小朋友欺负天天。在一次课堂上,小朋友们都坐在自己的椅子上,认真地跟老师学念儿歌。老师看了看四周的小朋友,突然发现天天坐不住了。老师刚想出声制止他,只见天天先伸出两只手,摸了摸坐在他旁边欣欣(化名)的脸,正在认真跟老师念儿歌的欣欣把头摇了摇,想把天天的手给甩掉。天天见欣欣没反应,又伸出手去拉欣欣的辫子。欣欣这回不高兴了,抬起手来刚好打在了天天的胳膊上。

天天抬起头,看见老师正看他,马上用哭腔说:"老师,她打我。"老师对天天说:"老师看见了,打人是不对的。不过,小朋友不喜欢你这样做,以后改过来,好吗?"

接下来的一段时间,老师很认真地观察天天的表现。天天常常不分场合时间,伸手去摸摸其他小朋友的手、脸,或者突然跑过去抱住其他小朋友。其他的小朋友都不喜欢天天的这种方式,会忍不住推开他。老师联系了天天的

> 妈妈，实际情况并不像天天说的那样，总是有小朋友打他。

解析

天天是幼儿园中班的小朋友，语言表达能力不强，性格很倔强，稍有不如意，就会使性子。他在与同伴、老师的学习生活中，有时会与同伴发生矛盾，有时上课随意走动被老师提醒。

这个年龄的小朋友，一般来说是能够听得明白指令的，上课也不会发生老师讲到一半自己起来随意走动的情况。天天的情况和大多数同龄的小朋友有比较大的差异，这主要还是和家庭教育有关系。

天天在家里备受宠爱，比较自我为中心，全家人都会顺着他。在这个年龄，孩子的确会处于一个比较自我为中心的状态，天天的家庭环境可能让他表现得更显著。幼儿园的生活中不能像在家里那样要风得风、要雨得雨，天天的情感和需要得不到充分满足。因此，他在幼儿园的情绪就比较不稳定。

建议

天天的语言表达能力比较弱，这就使得他在行为、肢体表达这方面会多一点。在这个过程中，家长需要教孩子跟小朋友正确交往和沟通的方式。

三、我们一起玩好吗

1. 在亲子互动中进行训练

比如,天天想要跟妈妈玩,他可能会习惯跑过去拉拉妈妈、摸摸妈妈,这个时候妈妈要告诉天天:"你想跟妈妈玩就讲出来,'妈妈,我想跟你玩一会儿'。"让天天学会用语言表达。

2. 模拟一些不同的场景

比如拒绝的场景。天天跟妈妈说:"我想跟你玩。"妈妈可以告诉天天:"现在我有一点儿忙,暂时不能跟你一起玩,要等一会儿,好吗?"天天可以在亲子模拟游戏中,练习跟其他小朋友的互动,学习在"被拒绝"的时候应该怎么做。

3. 实操性练习

可以请老师在幼儿园给天天创造一些实操性练习,演示给他看。比如,可以把两个小朋友叫到一块儿,然后老师带着天天演练,从"我们玩一下,好吗?"开始,这样一句句地跟小朋友一起练习。

四、孩子的社交从分享玩具开始

专家支持

杨明智。

导言

你的孩子有没有这样的表现：自己的东西不愿意与人分享；如果自己的东西被夺走，会产生焦虑、恐慌的情绪；怕生，不敢与人交流或大胆表现。

对于孩子的"人际关系"与"社交能力"，爸爸妈妈想帮又常常不知道从何帮起。从1岁多开始，到进入幼儿园，再到进入小学，父母会发现有的孩子好像天生人缘就比较好，总是很容易就和同龄的玩伴打成一片，在团体里容易交到新朋友；但有的孩子却很怕生，在团体里显得手足无措，对新环境适应不良。

那些自信乐观、乐于分享、有良好的社交沟通能力的孩子,往往都是在早期的亲子关系中汲取了许多美好的正能量。在这方面,爸爸妈妈有很多"功课"要做。

案例

多多(化名)是一个3岁半的女孩子,现在她对于自己喜欢的东西坚决不和同学分享,主要是不愿意分享自己的玩具,对于吃的东西,有时候愿意分享,有时也不太愿意分享。爸爸妈妈跟多多沟通,请她和其他小朋友一起分享自己的东西,多多一般都会表示拒绝,表现得很自我。

多多平时不愿意主动和他人交流,甚至会害怕与人交流,很多事表现得不够自信。由于爸爸平时对她行为习惯方面又比较严格,当她有情绪的时候,就会对着爸爸发脾气。为了避免冲突,爸爸在家大部分时间都是和她玩,没有太多的情感交流。

解析

有的孩子属于慢热型,典型的表现是到了公园或亲子游乐场之类的地方,不愿意离开父母去玩,或是看到别的孩子玩得很开心也不想加入,往往等到要离开或活动要结束的时候,才开始准备要玩。这是因为此类型的孩子比一般的孩子更敏感、谨慎,容易紧张与担心。他们的自尊心或许比较高,害怕做错事情被责骂,但也有着细心、观察力敏锐、擅长预测与评估的优点。

对不自信的孩子来说,除了环境所带来的不确定因素,所有的未知事物都是程度不一的刺激。当这些刺激超出孩子所能承受的范围,孩子可能会出现害怕和同龄孩子相处、抗拒上学、在学校被排挤等状况,严重的还会心理影响生理,出现一到上学就会肚子痛、到人多的地方就会尖叫、焦躁不安、自言自语等现象。

这些情况和孩子本身的性格、成长环境有关系,可以通过家长的引导协助而改善。但是,如果爸爸妈妈什么都不做,只是一厢情愿地认为这些问题会随着孩子长大而自动不见,那恐怕就会失望。

我们先来了解"分享"的3个条件。

从动机上,孩子的分享行为是主动自愿的;从形式上,孩子与他人是资源共享的;从情感上,孩子通过分享产生愉悦和满足的情感。很多时候,爸爸妈妈会把"给予他人"和"分享"混为一谈,从孩子的角度来说,可能这一次的分享就是要和自己心爱的东西分离说再见,再加上父母如果总是一味地强调让孩子分享,会让孩子产生恐惧感。所以,如果孩子正处于建立物权意识的阶段,表现出较强的占有欲,家长不用强迫孩子必须分享,也千万不要给孩子贴上"小气"或者"自私"的标签。分享是一种值得倡导的观念,但是,我们也要教会孩子,保护好自己的东西。如果孩子不愿意分享,家长也要允许孩子表达自己的想法。

四、孩子的社交从分享玩具开始

关于孩子不自信、怕生、害怕与人交流的情况,主要有以下几种原因。

家长平时对孩子保护得有点过度,动辄提醒孩子这里危险、那里不能动,致使孩子感觉周围充满了"险情";有些父母怕孩子出去"被人欺负",就限制孩子的交往,使得孩子缺少和陌生人接触的机会,孩子一旦见到生人,就会很茫然很害怕。

家长的教养方式太过于严格,使得孩子做事情束手束脚,害怕做错和惩罚,导致自信心不足。

如果孩子本身就是趋避性低的气质类型,比较容易羞怯,对于陌生的环境或陌生人会更为警觉。

建议

1. 培养孩子的分享意识

(1) 告知但是不强迫。

如果孩子拒绝分享,家长不要以命令的姿态去强迫,这样只会让孩子更加紧张和害怕失去。孩子的拒绝并不是故意的,更大的可能是缺乏分享的方法。爸爸妈妈要让孩子知道,自己不会因为他(她)的不分享而生气,但是分享可以给大家带来更好的体验。比如:可以交到更多朋友;可以得到其他同伴分享的东西;分享让我们像大哥哥大姐姐一样……总之,在这个过程中,要考虑加强孩子的体验,这样孩子才可以在情感上得到满足。

(2) 帮孩子建立社交规则。

如果在家里都以孩子为中心,孩子会认为这是理所当然的。当他(她)和别的小伙伴在一起,或者加入集体生活时,会发现不是所有的人都顺着他,也不是所有的事情都像他(她)想象的那样发展,包括分享。这时候就要帮助孩子去自我中心化。父母要帮助孩子建立规则,如通过交换、轮流、等待、排队等方法来让孩子学会分享。在这个过程中,如果孩子不愿意分享,其他孩子的反应无论是好是坏,都让孩子去体验与感受。如孩子不给小伙伴分享玩具,可能下一回,小伙伴也不愿意与他(她)分享玩具。这时候孩子可能会有伤心、失落、渴望等情绪,也有的孩子会哭,家长一定不要着急去介入,先给孩子一些时间去消化。等冷静过后,让孩子回忆刚才为什么会伤心,为什么小伙伴不愿意将玩具给他(她)分享呢?引导孩子去思考,找到解决的办法,然后实施。成功之后,孩子便能体会到原来分享也是相互的。

(3)家长要做好分享的示范和引导。

孩子都喜欢模仿大人的行为,家长在生活中要以身作则,在潜移默化中促进孩子分享意识的建立。周末也可以邀请朋友来家里做客,带着孩子一起参与,共同分享美食或者其他。

(4)通过游戏引导。

可以通过与孩子通过玩合作性的游戏,比如搭积木、传球、跳舞等。当孩子有一些分享意识的时候,家长要及时地给予肯定,让孩子心情愉悦,这样他们便能体会到分享的乐趣。可以事先与孩子商量分享的东西,也和对方商量好,每人带一两个小玩具,相互交换玩。

(5)分享不仅仅是物质上的分享,也有精神上的分享。

比如,告诉孩子,"妈妈今天有一件事情特别的开心,我们可以买个小蛋糕庆祝一下"。这个过程,可以让孩子学会共情,因为妈妈的开心而开心。原来开心也可以分享,还可以把开心传染给别人。

2. 有意识地帮助孩子建立自信心

(1)逐步扩大交往范围。

对于认生、不敢交流的孩子,妈妈可以从孩子比较熟悉的人开始,让孩子慢慢习惯跟妈妈或者抚育人以外的人交往,然后让孩子逐渐接触"熟悉的人比较多,而陌生人比较少"的环境,在熟悉了有少数陌生人在场的环境之后,再扩大他(她)的接触范围。让孩子一点点适应与陌生人交往以及适应陌生的环境。

(2)别强迫孩子交往。

解决孩子怕生问题时绝不能一厢情愿勉强孩子,如果孩子不愿意跟人亲近,特别是陌生人,不要强迫他(她),更不要让他(她)单独与陌生人在一起。

(3)尝试投其所好。

一般孩子比较喜欢年轻女性和小孩子,因此,可从这些人群入手。当带孩子到户外玩耍、去亲友家或有亲友来自己的家中做客时,父母可抱着孩子先与那些年轻的阿姨或者小朋友打招呼,讲几句话,让孩子逐渐意识到除了家人外,周围还有许多别的人,他们也都是和蔼可亲的,用不着害怕。妈妈可以根据孩子的特点,尽量围绕孩子的喜好来扩展孩子的社交圈子。

(4)找机会发挥孩子的特长。

平时多观察孩子,看他(她)究竟对哪些事物感兴趣,然后根据他(她)的兴趣培养孩子特长,让他(她)有更多的机会表现自己,这样可以增强孩子自信心。孩子的自信心增强了,怯生的心理也就会逐渐减弱。

(5)培养孩子安全感。

父母对孩子的态度、情感要稳定,不要忽冷忽热。照料孩子、与孩子接触的时间最好固定,尽可能避免孩子长时间见不到妈妈,尤其不能以"再怎样,我就不要你了""把你给谁谁"之类的语言威吓孩子。

(6)切忌溺爱孩子。

被溺爱的孩子很多会胆小。比如看见孩子正爬向床边,不要表现得过于吃惊;孩子磕碰了一下,不必过分安抚;孩子要自己拿杯子喝水,就让孩子自己拿,等等。多数孩子对大人的态度很敏感,如果父母对孩子总是很担心、很焦虑,孩子多半就会变得比较胆小。

(7)交往的方式要得当。

当孩子抗拒与人交往时,会和对方保持一定的距离,不喜欢陌生人触及自己的身体。因此,家长可先自然地与对方打个招呼,谈谈话,待孩子习惯后再告诉孩子对方是谁。需要注意的是,任何时候,都不要当面说些"你怎么这么胆小""我们家孩子胆子太小了"之类的话,以免孩子受到消极心理暗示。

(8) 轻松的环境。

给孩子放松的环境,如果压力太大,孩子便会抗拒交流。

TIPS
孩子不自信,可能与家长的养育方式有关

1. 不好的感受

很多人看到可爱的婴儿时,会习惯性地去逗小孩子,有时是做鬼脸,有时是捏捏小脸蛋等,虽然这些行为是出于善意的表现,但是对一个无自主能力的婴儿来说,可能是很不好的感受。

2. 大人动作造成心理压力

大人的一言一行,在婴儿的眼中都会以倍数放大。对他们来说,大人的每一个举动和脸部表情都是非常巨大、甚至是恐怖的,往往会造成婴儿的心理压力。

3. 依恋关系

稳定的依恋关系可培养出活泼好动、勇于探索的孩子;反之,不稳定的依恋关系会导致孩子经常处于焦虑之中,情绪也容易紧绷和不安。

4. 看不到熟人缺乏安全感

对2至4个月的婴儿而言,谁和他(她)相处的时间最多,这个人就是他(她)生命中最重要的人。所以当婴儿在视线范围内看不到对自己最重要的人时,心里自然会感到缺乏安全感,觉得无所适从。

5. 经常更换保姆造成适应困难

当婴儿的依恋关系不稳定时,比如时常更换主要照顾者(如育儿嫂),家长又期望孩子能在短时间内自我调适,以适应新的主要照顾者的管理方式,如此一来,会造成孩子适应上的困难,孩子也会因为害怕陌生人反而变得更加黏人。

五、孩子依赖性太强怎么破

专家支持

杨明智。

导言

依赖性是指凡事都依靠别人,缺乏自理和处理的一种心理倾向。它的产生有两方面的原因:一方面是先天气质的影响,即这类孩子生来适应能力就弱,对新环境感到特别拘谨,不愿与人接触;另一方面是后天教养方式的影响,家长对孩子过分溺爱,过多的照顾与迁就,逐渐导致了孩子难以适应新环境。家庭是孩子生活的主要环境,父母是孩子接触最多的人,亲子之间的互动模式,会影响到孩子的独立能力。如果家里有一个依赖性很强的孩子,爸爸妈妈可以先从自己身上找找原因。

案例

案例一

男孩林林（化名）已经4岁半了，但他的依赖性很强，很多事情都要依赖家长帮忙。他已经学会了如何穿衣服，可是这个生活自理能力会因为某些外部因素或者林林自身的状态影响，出现行为能力退化，本来都已经学会的事情，忽然就都不会了。比如，早上醒来有"起床气"，哭闹，要求妈妈抱抱，帮他穿衣服。也会跟妈妈谈条件："你帮我穿一只手，我自己穿另一只。"

案例二

幼儿园中班的青青（化名）总喜欢黏着奶奶。从早上入园开始，不敢一个人上楼梯，得由奶奶拉着才敢走。到了教室见到老师也不打招呼，与其他小朋友很少交流。课堂上从不主动发言，但可以看出她想发言却又不举手。老师点名提问她，她总是以"我奶奶告诉我"作为回答开头。手工课时，不愿自己动手，只是静静地坐着看，当老师过去帮她时，她会很开心，一直拽着老师不让离开，吵着要老师抓着她的手做。户外活动时，老师组织小朋友做游戏，她总是表现得不知所措，不能和小朋友很好地配合，其他小朋友也不爱和她玩。玩玩具时，她从不和其他小朋友一起，只是自己一个人玩，当有小朋友要和她交换玩具时，

五、孩子依赖性太强怎么破

她会拒绝,还把玩具紧紧地抱在怀里。喝水时,她从不自己端杯子,而是等老师给她端。吃饭时也等着老师喂饭,不喂她就哭。

解析

依赖性强的孩子通常会有这样的典型特征:他们会对照顾者有强烈的依赖心理,把依赖对象作为保持亲近的目标;在探索外部世界时,这类孩子会将依赖对象作为安全的靠山;一旦遇到挫折和困难,他们就会向依赖对象寻求帮助和支持。这些孩子总是会寻求过度的关注,用各种方式让照顾他们的家长、老师关注到自己,但他们又并不愿意在众人面前展现自己。他们比较缺乏自主意识和这方面的能力,遇到问题不愿意动脑筋思考,也不想对事情负责,不肯多等待一会儿。他们总是缠着大人,不肯离开半步,动不动就会说"这个事情我自己做不到,你帮我,你要陪我"。当发现达不到自己的目的时,就会用哭闹的方式来争取达到目的,那个目的也许是妈妈一下午陪着他,也可能是要奶奶帮助她完成手工作业。

孩子为何会缺少独立性,过度依赖家长?我们可以从亲子关系中寻找问题的所在。

爸爸妈妈是否过度包办了本该孩子完成的"任务"?

在青青的那个案例中,奶奶平时就喜欢包办青青的各种大小事务。吃饭的时候,奶奶会喂;出门上课,奶奶帮着整理好小书包；到户外玩耍的时候，奶奶也会全程"保护"，生怕青青磕着碰着。

在男孩林林的家庭环境中，也存在着家长替林林完成了很多应该他自己学习和完成的"任务"的情况。

四五岁的孩子，按照正常的能力发展，可以完成自己洗澡、自己穿衣服，也可以逐渐学会洗自己小袜子，把玩具整理好放到柜子里，还可以在家里扫地等，做一些力所能及的事情。在幼儿园里，可以自己吃饭，可以和其他小朋友一起上课、完成老师教学中的一些任务。

在这个年龄段，还需要大人去帮助完成一些能力已经达到的事情，多半是因为在家庭教育环境中，爸爸妈妈或者爷爷奶奶等过多地代替孩子去完成这些事情。这就使得孩子没有自我服务的意识，而且孩子已经熟知家长会毫无底线地去满足他们的要求。

回忆一下自己和孩子的互动模式，你是不是看到孩子搞不定一些事情的时候总会主动帮忙？比如，你明明已经要求孩子自己穿袜子，可当孩子用力拉扯袜子又穿不好的时候，你就忍不住伸手帮忙了？这样的方式，会让孩子搞不明白，为什么妈妈有时会要求他（她）自己穿袜子、穿鞋子，有时候又会帮他（她）穿袜子、穿鞋子？那到底是可以让妈妈帮自己穿，还是不可以让妈妈帮忙呢？

妈妈需要跟孩子明确好规则，比如自己穿衣服、自己洗脸刷牙，去美术班上课之前，自己整理要带的工具，爸爸妈妈不

五、孩子依赖性太强怎么破

会包办。当孩子在做的时候,即使遇到一些困难,爸爸妈妈也不要急于出手帮忙,要多给孩子一些时间,让孩子自己想办法搞定。这个过程能够让孩子看到自己负责任的行为获得了成果,孩子的责任心会逐渐增强,独立能力也在一次次成功完成任务的过程中培养起来。

爸爸妈妈的内心深处是否"离不开"孩子?

在亲子关系中,孩子就像一面镜子,会照出作为养育者的父母的状态。孩子对父母的过度依赖,换一个角度来看,也是父母离不开孩子。比如早上送孩子到幼儿园,孩子一直哭,妈妈一直哄,孩子还是哭着不愿意去幼儿园,想要妈妈陪。

这个现象看上去是分离焦虑,其实是父母没有给孩子一个正面的情绪示范。父母以不断陪伴孩子的方式来填补自己潜意识中的补偿心态。另一方面来说,其实也是在满足父母自身的需求。因为孩子不哭了,我或许能好受一些。孩子的情绪察觉能力特别强,如果父母是焦虑的,孩子也能感受到焦虑。爸爸妈妈要做的是,将孩子从这种痛苦的情绪中解脱出来,而不是一味地沉溺其中。所以,父母要给孩子积极的情绪示范。

建议

1. 允许孩子出错,给到"指导意见"

比如,有一位妈妈要求孩子洗澡后把脏衣服放进洗衣机,可是孩子经常忘记。妈妈就让他把洗澡后要做的事情用画图的方式记在本子上,以提醒自己不要忘记。从此以后,孩子再也没有忘记把脏衣服放进洗衣机。可见,与其不断地提醒孩子不要忘记这个、不要忘记那个,不如让孩子把要做的事情记下来。这样,孩子就慢慢学会了对自己的行为负责。只有学会了对自己的事情负责,孩子才能逐步地发展为对家庭、对他人、对集体、对社会负责。

2. 与其抱怨孩子缺乏时间观念,不妨让孩子自己安排时间

爸爸妈妈可以跟孩子一起选一个他(她)喜欢的闹钟,教孩子认识时间,初步对时间有概念,然后引导孩子合理地安排自己的时间。比如,孩子想要在吃饭之前再玩一会儿积木,妈妈可以和孩子约定好,玩15分钟后就来吃饭。

3. 给孩子空间,让孩子学会自理

当孩子到了分房睡的年龄,晚上让孩子自己一个人睡,都会他(她)整理自己的床铺。给孩子准备玩具箱,规定玩过之后玩具要放回原处。

4. 给孩子做选择的权利

孩子喜欢做自己的主人,喜欢自己决定事情,爸爸妈妈要善用孩子的这个心理特点来做行为辅导。让孩子做选择时要

五、孩子依赖性太强怎么破

避免封闭式（无效选择）问答——"要不要""是不是""好不好"，这样就会经常收到："不！"爸爸妈妈可以试着做有效选择，就是不管选哪一个都是能接受的，比如把"宝贝你要吃鸡蛋吗""我们吃菜好吗"变成"我们现在有鸡蛋、鱼、青菜……你要吃鸡蛋羹、还是蒸鱼或者炒青菜呢"。孩子做出选择，和家长达成共识后，孩子一般都会依照约定完成的。

5. 遇到"不知道"不要马上给答案

对于一些问题孩子会说"不知道"，其实许多时候，动脑筋想一想就可以回答出来。家长不要急着告诉孩子答案，可以用引导的方式，让孩子说出答案。这样可以帮助孩子养成思考的习惯，还有利于孩子建立自信，孩子动脑筋后得出的答案印象会更加深刻。

6. 给孩子锻炼的机会，让孩子去尝试感兴趣的事

比如，孩子对刷碗感兴趣，但个子不够高，妈妈可以提供小板凳让孩子站在上面试着自己刷碗。同时，还要对孩子进行针对性的鼓励："真是一个勤劳的好孩子，这个碗刷得非常干净。"

7. 设立全家的欢乐时光

爸爸妈妈可以和孩子一起讨论："每周有一个固定时间是我们一起的欢乐时光，只要在这个时间里，谁都不可以打扰我

们，包括不工作、不接电话。我们一起计划我们要做的事情，全心全意的陪伴。"如果有人打扰，你可以在孩子面前很夸张地接起电话："喂，你好！现在是我和宝贝的欢乐时光，请不要打扰我们！"此时孩子将感受到来自父母的尊重和被爱，从内心有了确切的答案，便不会一次次地通过哭闹等方式，去证明自己在家人心中的分量。

8. 约定暗号

爸爸妈妈可以和孩子约定做一个什么动作就代表"我爱你"，出现什么暗号，就一起相互微笑或哈哈大笑，这样的暗号会带给孩子特别的亲密感。

9. 避免过度满足

过度的满足只会带来孩子的过度索取，也会削弱孩子的自尊心，这样的行为其实也是父母潜意识的自我满足。

10. 避免过度关注

如果孩子想引起你的过度关注，我们可以只做不说，忽略孩子想引起过度关注的这个行为，而不是忽略这个人。带孩子去做下一步该做的事，不要放大这个行为，放大只会强化。

六、二胎妈妈会偏心吗

专家支持

杨明智。

导言

当家里有两个孩子,亲子关系会有哪些不一样?

美国加州大学曾有一项研究表明,65%的母亲和70%的父亲会不自觉偏爱某个孩子。英国儿童行为心理学家的研究显示:即便是1岁的孩子,也会对家里出现的其他孩子产生敌意,他们会感受到威胁。

好的关系胜过好的教育,孩子的成长过程是不可逆的,两个孩子相处需要讲究方法。处理好亲子关系,平衡处理好两个孩子之间的问题,是爸爸妈妈的重要功课。

案例

滋滋(化名)3岁半了,家里有一个哥哥。从小她的求生欲就很强,很迁就哥哥,只要是哥哥想要的,她都会让给哥哥。

有时候,滋滋正在玩的玩具,哥哥想要,询问滋滋,滋滋表示不愿意,接着哥哥就会上手抢,在抢的过程中滋滋就开始大声地哭!每到这种时候,就会有大人听到哭声赶过来,叫哥哥让着滋滋。有时候哥哥不愿放弃,爸爸就会比较凶地来处理这个事情。于是,情况就变成了哥哥哭。当滋滋看到哥哥哭了,马上就会把手中的玩具给哥哥。

在日常生活中很多事情都是滋滋先让着哥哥,好吃好玩的东西先给哥哥,滋滋常常会为了讨好身边的人而忽视自己的感受。

解析

很多爸爸妈妈在计划要两个甚至更多孩子的时候,想到的是孩子可以有伴儿一起玩耍,不会太孤单。但现实情况是,在很多家庭中,当全家人的注意力都放在二宝的身上,大宝会很不舒服。这个时候,大宝有可能会变得叛逆,故意做各种错事来吸引爸爸妈妈的注意力,让大家花费心思来关注自己。如果大宝的年龄也比较小,就有可能变得容易发脾气,遇到一点儿事情就哭闹、烦躁。其实这些情绪表达的是不安全感,害怕失去父母的爱和关注。二宝的到来，分散了全家人的注意力，有的大宝会出现"退行"，例如已经不尿床的孩子又开始尿床、可以独自睡觉却又开始要求爸妈陪睡等。

有了二宝之后，爸爸妈妈都会希望大宝把自己的东西和二宝分享，但是大宝有可能会对自己拥有的东西表现出"自私"，不愿意分给别人玩。

有些比较内向的二宝可能会变得更乖，赢取别人的赞扬，虽然这样对于大人来说感受很好，但是，当二宝有这种表现的时候，爸爸妈妈需要关注，孩子有可能是因为担心自己被大宝夺走爸爸妈妈的爱而讨好大人。

小孩的自我控制能力以及理解能力都不强，所以难免会犯错、会不听话，这个时候如果父母能够耐心地教育孩子，孩子多半是会听的。但是爸爸妈妈可能没有这个耐心，脾气上来了就忍不住打击孩子，希望孩子听话不要惹事。在孩子需要鼓励和安慰的时候，得到的却是打击，在这样的亲子关系中，孩子更容易养成讨好型人格。

建议

1. 公平对待每个孩子，三"不"原则

不要总让老大让着老二，这可能会让老大心生不满，而老二有可能形成"我弱我有理"的心态。尽量不要把两个孩子作比较。老大就是老大，老二就是老二，没可比性，各自有各自的成长轨迹。不要当着老二的面训斥老大。如果生活中老大确

实有做得不妥的地方，父母应该单独与孩子交流。有些话尽量不要说，比如"你不乖，还是妹妹听话""你看哥哥就比你懂事"，这种语言没有任何益处，只会导致孩子之间的矛盾激化。

2. 不要让孩子生活在严厉压抑的成长环境中

很多父母从小就对孩子严格要求，不允许孩子犯错，一旦孩子被老师或者他人表扬就笑脸相迎，一旦受到批评就劈头盖脸地责骂，父母长期的高压和专制的教育方式容易引发孩子的"讨好型人格"模式。允许孩子去表达自己的意愿和想法，给孩子选择和参与的机会。即使意见不同，也要跟孩子解释，为什么爸妈会那样考虑。这样的有商有量，不会打击孩子的积极性，会让孩子感觉到自己被尊重。

3. 多一些欣赏与鼓励

每一个孩子都希望得到爸爸妈妈的肯定，长时间处于否定式的教育下，孩子容易形成自卑心理，进而希望通过自己的方式得到父母的肯定。表面上看起来，孩子变得听话、懂事，但实际上，孩子胆怯懦弱，不敢表达自己真实的情绪和想法。在这样家庭中长大的孩子，会不自觉地讨好别人。孩子每次表达自己的感受和意愿时，父母应该细心聆听，鼓励孩子表达自己，尊重孩子意愿并尽量接纳。尊重孩子，就要尊重孩子的意愿和选择，父母只需要为孩子提供自由平和的成长环境，让孩子自主体验人生的好风景。

七、孩子特别黏人怕生怎么破

专家支持

杨明智。

导言

童年时期是否得到父母无条件的爱,会对人的一生造成巨大的影响。区别就在于,得到过父母无条件的爱的孩子,他们在成年后不会始终处于对爱极度匮乏的心态中,他们不会对别人的爱有太多的执念,不会过度关注别人是否爱自己、关注自己。对于特别黏人,时刻都想要跟在熟悉的大人身边的孩子,养育者可能需要在孩子安全感的建立上投入更多。

壹 案例

4岁多的西西(化名)在家或者是在幼儿园总是喜欢黏着爸爸妈妈或者老师,不愿意自己一个人,爸爸妈妈或者老师走到哪里,西西就跟到哪里,不愿意主动和其他小朋友互动。

她还非常的害羞,每次幼儿园老师让小朋友在全班面前发言,或者展示一下自己本领的时候,她总是躲在一边,当大家的目光转移到她身上时,她就会害羞地低下头,身体不自觉地往老师身上靠。每次在睡觉时,西西喜欢蜷缩着身体,或者用被子把自己裹得很紧,喜欢有人在身边陪伴,需要大人轻轻拍打或者触摸安抚才能入睡。

贰 解析

孩子呱呱坠地的时候都是白纸一张,无忧无虑。一般来说,小宝宝第一次感受到不安,是发生在肚子饿的时候;或是当他(她)感到不舒服,放声大哭却得不到回应时;又或是当他(她)看着熟悉的脸孔离开时。

如果孩子的需求一直得不到满足,或是在成长的过程中受到不尊重的对待,"不安全感"便会慢慢地累积下来。缺乏安全感不只会影响到孩子的情绪发展,还会对孩子的人际关系产生深远的影响。

孩子的安全感来自3个不同的层面:他人——主要是父

七、孩子特别黏人怕生怎么破

母的保护;自己——也就是对自己有信心;世界——稳定的社会环境。在这些因素中,父母扮演着最重要的角色,因为父母是孩子出生后,最先出现在孩子世界里的亲近的人,父母对孩子的教养方式和观念会直接影响孩子对自己和世界的感受。

父母和孩子之间亲子依恋关系的建立,是从各种互动开始的。当孩子感到饿的时候,妈妈会及时哺乳;当孩子想要和妈妈亲近的时候,可以得到温暖的拥抱;当孩子咿咿呀呀手舞足蹈的时候,爸爸妈妈会微笑着给予回应;当孩子从睡梦中醒来,总能看到爸爸妈妈熟悉的面孔,嗅到爸爸妈妈身上熟悉的味道。

这些点滴细节都会成为孩子内心安全感的基石。

建议

1. 告诉孩子"我在这里,我会保护你!"

当孩子处于一个特别紧张害怕的状态时,妈妈可以告诉孩子:"妈妈在这里,会保护你!"这句话能够让孩子感受到安全感,舒缓紧张,特别是在他们情绪失控,处于高度紧张害怕时。

2. "跟我说说,是什么事让你这么害怕?"

给孩子一个独立、不受打扰的空间,让他(她)可以好好地跟你说说自己的恐惧与想法,这个过程可能需要一些时间,爸爸妈妈不要太着急,因为孩子会需要时间去整理他们想法。

3. "想想看你有多害怕？"

帮助孩子描述内心感到害怕的程度，可以配合手势，也可以让孩子用想象形容出他（她）现在的感受。比如，"害怕像大球一样这么大，还是像小苹果一样这么大呢"。

4. "我相信你一定做得到！"

鼓励孩子克服恐惧。可以和孩子讨论克服恐惧后的小奖励，比如，大大的拥抱、好好地吃一些美食慰劳自己。帮助孩子建立克服并翻转害怕的能力，是最重要的。

5. "你可以把害怕的事画出来吗？"

如果孩子无法用语言来表达他们的感受，爸爸妈妈可以鼓励孩子用涂鸦的方式，将他们的想法用图画呈现，不需要画得很详细，请孩子选择颜色，勾画出大致的线条也可以。

6. "我们一起来改变你害怕的东西好吗？"

焦虑的孩子通常会反复地卡顿在相同的情绪中，不知道后面会发生什么事，爸爸妈妈可以利用讲故事、读绘本的方式，提供孩子不同结局的想象故事，翻转孩子的恐惧。例如，有些孩子听完三只小猪的故事会害怕大野狼，进而像狼的动物都害怕，只有透过翻转三只小猪的故事，才能帮大野狼恢复名誉了。

7. "你还联想到其他的东西吗?"

当孩子对自己害怕、恐惧的东西懂得越多,他们就越能控制住自己的恐惧。平时,可以让孩子把他(她)害怕的东西,通过填表格或画画的方式,将他(她)知道的部分整理出来,加强孩子对这些物品的认识。

例如,孩子害怕打雷,爸爸妈妈就可以常常说一些天气的小常识给他(她)听。

8. "当你害怕时,做什么你比较不会感到那么害怕?"

跟孩子讨论出一份安抚清单,上面可以有孩子喜欢的各种安抚情绪方式。例如,原地跳、跑步、抱抱娃娃,等等。平时多多练习,帮助孩子演练如何让自己冷静。

9. "妈妈教你超强不会害怕魔法!"

有时候孩子会因为太过担心、害怕而无法冷静地听爸爸妈妈的指导,所以平时就要跟孩子说说自己以前感到害怕时的经验,如何克服,并教孩子一个超强咒语:"深呼吸,一二三,我是勇敢小精灵!"

爸爸妈妈可以调整变化具体的"咒语",让孩子记住,在害怕的当下，提醒孩子跟着说一次！并且给孩子信心："我发现你说了之后真的比较不害怕了！我们再多说几次吧！"

10. "嗯！它的确有点可怕，不过……"

表达同理心，认可孩子感到可怕这个感觉，重点是后面的"不过"。比如，"打雷的确有点大声，不过你现在待在房间里，我们的房子会保护你"。这样的沟通方式，会让孩子有安全感，打开耳朵听听爸爸妈妈的话。

11. "你希望我怎么帮你？"

爸爸妈妈不需要第一时间去猜测孩子需要什么，反而可以问问孩子："你希望爸爸妈妈怎么做呢？"这也是给孩子机会，去思考厘清自己真正想要的是什么，尝试解决问题。

12. "你还记得上次害怕×××的事吗？"

可以跟孩子沟通过去成功克服害怕的经验，增加孩子的勇气，也能够借此提醒孩子解决的策略，帮助孩子成功渡过这次的恐惧。

13. "你放心，事情总会过去的"

在害怕的当下，孩子会觉得像到了世界末日一样，漫长难熬，脑袋也容易因此"打结"。这时候，爸爸妈妈可以提醒孩子,这样的时刻终会过去。比如,孩子害怕理发,理发的过程也就 10 分钟,也许这 10 分钟可以看看过去的照片和视频,很快就会度过啰!

八、教会孩子"离开"妈妈

专家支持

杨明智。

导言

　　孩子要上幼儿园了,对于爸爸妈妈来说,是一个滋味复杂的过程。幼儿园门口,有的孩子拽着妈妈的头发不松手,有的孩子追着爸爸往回跑,还有的孩子站在中间,家长和老师站在两边,展开拉锯战。

　　母亲对孩子的爱是世界上唯一一种以不断的分离为目标的爱。上幼儿园是孩子迈向社会化的重要一步。在这之前,亲子关系里妈妈最重要的一个任务是和孩子建立亲子依恋关系,而在这一刻,要开始帮助孩子渡过分离焦虑,其实有些妈妈自己也有分离焦虑。

八、教会孩子"离开"妈妈

案例

案例一

蕾蕾(化名)第一天到幼儿园就开始哭"我想妈妈"。进了教室,她就要老师"抱抱"。老师抱了她一会儿,要去忙其他事情了,蕾蕾看着老师不能抱自己了,她就跟在老师旁边,拉着老师的手。一整天她都是单独跟在一个老师或者保育员阿姨旁边,不断地要求"抱抱"。

案例二

进幼儿园1周了,有些小朋友已经开始适应幼儿园的环境,能够自己玩玩具,和老师一起做游戏了,可是叮当(化名)依然不能适应。每天叮当说得最多的就是"我要妈妈""我要回家"。每天早晨,妈妈把他送到幼儿园的时候,他就哭闹着不让妈妈走。老师上课的时候,他也会哭闹,跟老师要求:"给我妈妈打电话,好不好?"

解析

分离焦虑是儿童时期较常见的一种情绪障碍。对于大多数家长来说,遭遇分离焦虑的问题,主要是孩子刚刚进入幼儿园的那个阶段。幼儿分离焦虑现象是因为幼儿离开了从出生以来一直照顾自己的亲人,来到幼儿园这样一个完全陌生的环境中,由于缺乏安全感所表现出来的症状,最为常见的就是哭闹。因为在幼儿园里没有自己熟悉的亲人，陌生的环境，加上幼儿期情绪不稳定，也没有健全的语言表达能力，只能通过哭闹来表达。有些孩子甚至会认为是爸爸妈妈不要自己了，来到幼儿园就会很长时间见不到爸爸妈妈。

分离焦虑是孩子入园初期的正常现象，几乎每个孩子或多或少都会有分离焦虑。孩子分离焦虑的症状和持续时间和家庭环境、爸爸妈妈的教育方式以及幼儿园的环境和教育有着直接联系。

建议

1. 降低亲子之间的依恋关系强度

有些家庭对孩子的照顾特别周到细致，孩子对爸爸妈妈或者家中照顾自己的爷爷奶奶外公外婆非常依赖。这类家庭，爸爸妈妈需要有意识地在孩子将要上幼儿园之前的几个月，适当降低亲子依恋关系的强度。给孩子创造一些机会，让他们完成一些事情，而不需要家长陪伴在旁边。家长也要在这个过程中，学习慢慢放手，相信孩子可以独立完成一些任务。要知道，亲子依恋关系是双方的，有些时候，分离焦虑不是孩子离不开妈妈，而是妈妈或者其他照顾者离不开孩子，不敢放手。

2. 提前沟通引导

事先的沟通是必须的，家长要有这个意识。比如，妈妈

八、教会孩子"离开"妈妈

可以提前告诉孩子:"妈妈要去上班,奶奶会送你去幼儿园。"幼儿园开学之前,家长可以告诉孩子:"幼儿园是个有趣的地方,有很多玩具,小朋友们会一起做游戏。"家长还要帮助孩子在心理上不要排斥老师,可以告诉孩子:"老师很和气,会讲故事,会教你很多本领,你有什么不会的都可以和老师说。"

3. 帮助孩子和老师建立新的依恋关系

分离焦虑主要是因为孩子失去了所依恋的人,出现了不安全感。要让孩子不产生焦虑,适应父母不在场的环境,就要让孩子与老师建立新的依恋关系。可以在孩子面前与老师友好交流,让孩子觉得老师是爸爸妈妈的好朋友。每天出发去幼儿园的时候就应该约好,妈妈送到教室门口就会去上班,实际上也要坚持这样做,不要表露出不舍,否则孩子一看到你的不舍,马上就会以哭来要挟你。

4. 培养孩子的生活技能

有些焦虑的产生是因为孩子的生活能力较差,需要自己动手的事情不会做。所以在孩子上幼儿园之前,家长要有意识地培养孩子的生活技能。比如,要求孩子坐在桌子旁自己吃饭,不能在吃饭时随意走动等。指导孩子在上洗手间的时候自己穿脱裤子。让孩子学会自己洗手,自己午睡,认识自己的物品等。要注意的是,一次只让孩子学习一件事情,不要让孩子同时处理多个任务,这会增加孩子的焦虑感。

5. 让孩子对于幼儿园念念不忘

家长接孩子时,不要马上就回家。幼儿园一般允许家长陪着孩子在幼儿园玩一会儿,但要注意安全。当孩子玩得高兴时,家长要表示应该结束了,并答应他(她)明天再来玩。孩子可能会怀念在幼儿园玩耍的情景,增加了第二天到幼儿园的动力。

第三篇

把握教育的关键时机

一、求抱抱是小婴儿最正当的要求

专家支持

徐恒。

导言

宝宝哭了要不要抱？这是很多家庭迎来新生命之后，马上会遇到的"争议问题"。年轻妈妈和老人经常会有不同的意见。重要的事情说三遍，小宝宝多抱抱不会被宠坏，1岁以内的小宝宝哭了就要马上回应，把宝宝抱起来，轻声安慰，看看是饿了还是尿了。这个阶段是建立亲子依恋关系的关键时期，延迟满足可不能用在小婴儿身上。

壹 案例

刘女士成为妈妈后,对于养育孩子这件事非常头疼,她觉得自己的孩子属于那种很难带的类型。孩子总是哭,还总会吐奶。

刘女士自己看过一些心理学的书,有些书中说孩子的养育中要延时满足,所以每次孩子哭的时候,她都不会马上去抱起孩子,给孩子喂奶或者换尿布,而是会让孩子哭上一阵子才走过去。

哭了好一阵子妈妈才给喂奶的结果是,刘女士的小宝宝会大口大口地喝奶,喝得非常猛。喝完之后,就开始吐奶,把刚刚喝下去的奶都吐出来。好几次都是这样,刘女士和家里人都不知道该怎么办才好。

刘女士带孩子去医院做了专项检查,医生检查之后告诉刘女士孩子没有生理上的问题。孩子的吐奶更多是情绪方面的问题。

贰 解析

延迟满足是不能用在还不到1岁的婴儿身上的。对于刚刚出生的孩子,父母最需要做的是给予即时满足。孩子哭了要在第一时间回应孩子,抱起来或者轻轻拍一拍。这是构建亲子依恋关系的重要阶段,妈妈要给孩子无条件的爱和关注,在这个过程中孩子会慢慢构建起自己的安全感。在跟孩子的这种亲密关系和互动中,妈妈也会学习到从孩子的哭声里,敏锐地分辨出,孩子是饿了、还是尿了,或有其他的不舒服。

刘女士的宝宝每次饿了大哭,都得不到即刻回应,要哭上一阵子才会有奶喝,这个时候,宝宝是很愤怒的。小宝宝不会说话,就用吐奶的方式表达自己的愤怒不满。

当刘女士调整了对待宝宝的方式,提前准备好温度适当的水,保存在恒温容器中,当宝宝饿了要喝奶的时候,她可以马上冲好奶,给宝宝喂奶。调整之后,刘女士发现,宝宝吐奶的情况大大好转了。

实际上,对于小宝宝哭了是要马上抱,还是让小宝宝哭上一会儿不要管,在很多家庭里都存在争议。

婴儿哭了不要抱,这个观点是行为主义学派的约翰·华生提出的。他在《婴儿与儿童的心理学关怀》中提到:"要把孩子当作机器一样训练和塑造,得像对待大人那样对待孩子,尽量不要亲吻和拥抱孩子,不要让孩子坐在母亲大腿上,不要轻易地满足孩子,就算孩子哭泣,也绝不能心软。"

这个理论在当时风靡了整个美国,让许多婴儿在刚出生时,就被迫与母亲分离,即使哭闹也没有拥抱、没有安慰和互动。

长时间的哭泣还可能损害宝宝的认知发育,甚至损害身体发育。

耶鲁大学和哈佛医学院的研究人员发现,生命早期强烈的压力会改变大脑的神经递质系统,并导致大脑区域的结构和功能变化，与成年人抑郁症相似。一项研究显示，经历过持续性哭闹事件的婴儿，儿童多动症的可能性是其他儿童的10倍，而且学习成绩和社会行为也较差。研究人员得出结论，这可能是因为父母对孩子缺乏回应所致。

所以一定要记得，小宝宝哭着"求抱抱"是最正当不过的需求，妈妈要给予及时的回应。

建议

1岁以内的亲子交流方式

（1）有意识地与小宝宝进行频繁的面对面互动，在说话的时候距离他们面部25至30厘米远，使用非常夸张的面部表情和嘴部动作。

（2）和小宝宝进行直接的眼神接触，保持与小宝宝之间的眼神接触。

（3）将拨浪鼓或者其他物体放到你和小宝宝中间，试着让小宝宝的眼神关注到这个物体。

（4）让小宝宝试着指出房间里那些被标识的物体。

（5）定期改变或移动玩具和其他明亮的物体，来保持小宝宝对它们的新鲜感。

（6）多使用有着明亮对比色的玩具或者物体，或者图案上有巨大反差，比如条形或者格纹的物体，来吸引小宝宝的注意力。逐渐增加其他明亮的颜色，比如蓝色和绿色。

（7）对着小宝宝扮鬼脸，比如伸出你的舌头，然后看小宝宝如何进行模仿。

TIPS
恒河猴实验及启示

美国心理学会前会长亨利·哈洛曾做过著名的"恒河猴实验"。

哈洛和他的同事们把一只刚出生的婴猴隔离在笼子中养育，并用两个假猴子替代真母猴。这两个代母猴分别是用铁丝和绒布做的，实验者在"铁丝母猴"胸前特别安置了一个可以提供奶水的橡皮奶头。按哈洛的说法就是"一个是柔软、温暖的母亲，一个是有着无限耐心、可以24小时提供奶水的母亲"。

刚开始，婴猴多围着"铁丝母猴"，但没过几天，令人惊讶的事情就发生了：婴猴只在饥饿的时候才到"铁丝母猴"那里喝几口奶水，其他更多的时候都是与"绒布母猴"待在一起；婴猴在遭到不熟悉的物体，如一只木制大蜘蛛的威胁时，会跑到"绒布母猴"身边并紧紧抱住它，似乎"绒布母猴"会给婴猴更多的安全感。

哈洛从这个"代母养育实验"中观察到了一些问题：那些由"绒布母猴"抚养大的猴子不能和其他猴子一起玩耍，性格极其孤僻，甚至性成熟后不能进行交配。于是,哈洛对实验进行了改进,为婴猴制作了一个可以摇摆的"绒布母猴",并保证它每天都会有一个半小时的时间和真正的猴子在一起玩耍。改进后的实验表明,这样哺育大的猴子基本正常了。

哈洛等人的研究发现对改变传统的育儿观产生了积极的影响。父母对孩子的养育不能仅仅停留在喂饱层次,要使孩子健康成长,一定要为他们提供触觉、视觉、听觉等多种感觉通道的积极刺激,让孩子能够感到父母的存在,并能从他们那里得到安全感。

与喂食相比,身体的舒适接触对依恋的形成起更重要的作用。父母与孩子之间要保持经常的肌肤接触,如抱抱孩子,摸摸孩子的脸、胸、背等让孩子体味到"接触带来的安慰感",对大一些的孩子也应如此。

孩子有了安全感,才能逐渐形成坚强、自信等良好的个性品质,成为一个对人友善、乐意探索、具有处事能力的人。

二、过早送全托伤到了啥

专家支持

孙嘉仪,知音心理咨询中心咨询师。

导言

让孩子上全托并不是新鲜事,可是由于现代生活工作压力的增大,全托班孩子的年龄越来越小,很多才 2 岁的孩子已经被寄宿在全托班了。对于将年幼的孩子送去全托,不同的人从不同的角度看出了不同的门道。在建立依恋关系的重要阶段,与孩子朝夕相处的却不是父母,这会给孩子的成长带来怎样的影响?父母在孩子幼儿时期的暂时缺席,要如何在日后进行弥补?

壹 案例

傍晚时分,某幼儿园内,寄宿大班的小朋友有的看书,有的下围棋,都玩得兴致勃勃。在寄宿小班,2岁的小睿(化名)在桌子旁有点伤心地叠着纸青蛙。第一天到幼儿园上班的年轻老师小刘问小睿:"你喜欢在幼儿园吗?"小睿不作声。"那你想家吗?"小睿还是不说话,扁了扁小嘴。幼儿园园长告诉小刘:"像这么小的孩子刚来幼儿园寄宿,不哭闹就不错了。"

一位把2岁的孩子送到寄宿幼儿园的家长则告诉小刘,虽然周一至周五孩子在幼儿园让她感觉轻松了不少,但从周五晚上接孩子回家直到周日,他们几乎是在孩子的指挥下过日子的。"孩子老是让我们干这干那,稍有不顺心就大声哭闹,而我和他爸也觉得孩子可怜,不忍心让他再受委屈。"

贰 解析

华东师范大学学前教育系的专家曾经对一些在全托幼儿园内的孩子做过相关调查。其中一个3岁的孩子入睡前有这样的表现:上床后,手脚都喜欢搁在床栏杆上,有时搁在左边,有时搁在右边,动作幅度很大;有大人走近时,会注视数秒,然后用手去摸自己的脸,顺着额头往下摸,或咬被子。据调查显

二、过早送全托伤到了啥

示,这些孩子普遍入睡时间偏长,吮吸手指、挖鼻孔、咬衣领等行为比较多。天津师范大学教育学院管理系的调查也显示,全托孩子普遍亲情缺乏,心理紧张,身体抵抗力弱。有些孩子一周6天都在幼儿园度过,只有周日才能回到家,很长一段时间里,都无法修复与父母的关系。

全托真的如此糟糕吗?假如父母因为某些缘故无法尽到养育者的责任,将孩子送去全托,交给专业人员代为履行照顾的职责,当然也是一种选择。要知道并不是每个被送去幼儿园全托的孩子都会在之后的成长岁月中,在处理与父母的关系时遭遇困境。不过,父母需要知道,不是任何阶段的孩子都适合全托。专家指出,0至2岁的孩子,由父母亲自照顾会对孩子更好。

0至2岁是孩子建立信任感和依恋关系的关键期,母亲的爱抚、拥抱、哺乳等肢体接触,会让孩子感知到外部世界,感知到自己与他人的关系。尤其是在出生后的第一年里,良好的依恋关系会让孩子健康、快乐、自信。

这个时期,照顾养育孩子的人的性格、行为都会影响到孩子。幼小的孩子还不会用语言来表达自己的想法,饿了、渴了、哪里不舒服了,哭闹是最常见的反应,而吃饱了,感觉舒服的时候,小孩子会用微笑来表示自己的快乐。假如照顾孩子的人对他(她)的哭闹并不在意,不能给予及时的悉心呵护,会导致孩子无法和照顾养育者之间形成良好的依恋关系。

与父母形成深层依恋关系的孩子,在以后的成长中,大多会更自信、宽容,对于父母的行为能有正确的理解。孩子如果做错了事情,被父母责罚,正常状况下,孩子不会因此而记恨父母。但是,无法形成良好依恋关系的孩子,未来的人格成长会有隐患,有可能发展成自恋型人格、边缘型人格等。同样做错事情被家长责罚,全托孩子更容易表现不满和愤怒,也更容易激起内心深处对父母的不信任。

建议

假如因为工作太忙等原因,父母没能在孩子出生后与孩子朝夕相处,形成良好的依恋关系,该如何做才能弥补这段缺席带来的问题呢?

如果错过了孩子的0至2岁,那么家长一定要在5岁之前把孩子带回身边——年纪越大建立亲密关系难度也越大。妈妈要充分接纳自己的孩子,拥抱等身体接触对于和孩子建立起依恋关系非常重要。在这个阶段去建立依恋关系,家长需要付出更多的时间和耐心。

一些有过全托经历的孩子会经常遇到在学校里挨批、被孤立、成绩不好、做作业速度慢、和同学关系处不好等困境。对于孩子的成长,父母的教育和抚养会产生非常大的影响。全托的孩子回到父母身边后,父母对待他们的态度和方式不同,产生的结果也会截然不同。

有的父母觉得自己太忙,不得已把孩子送去全托,内心仿佛亏欠了孩子,所以,当孩子回到身边后,就会加倍地补偿、宠溺。需要提醒的是,这种方式并不可取,因为这样会给孩子一个信息就是:"都是欠你的。"

还有些父母,因为孩子不是自己一手带大的,等孩子回到身边后,会发现多少和自己理想的有差距,或许本身对带养者也不是很信任,便会发生对孩子不够耐心的状况。这也需要引起注意。

另外,有一些事情,父母千万不要做。

不要在孩子回到自己身边后马上扔掉孩子的随身物品,可能是一个玩具、一件旧衣服,或者其他的什么。父母要明白,对于孩子而言,那是一种替代品,象征着之前照料他(她)的人和之前形成的依恋关系。不要当着孩子的面批评之前照料养育他(她)的人,也不要拒绝让孩子与他们继续有接触。

一段时间不在父母身边,孩子可能会养成一些让爸爸妈妈并不赞同的行为习惯。在刚刚把孩子带回身边抚养的日子里,不要急着去纠正孩子已经养成的习惯。因为这个时候,你们之间的信任感尚未建立。如果你觉得孩子的习惯不理想,不妨试着对他(她)说:"你这样很好,不过,妈妈还有另外一种方式,你愿意试试看吗?"

每个父母都爱自己的孩子。但是,当孩子刚刚回到你身边时,急着表达亲密感可能会适得其反。孩子很可能会表现出抗拒,家长也可能因为孩子的抗拒而产生挫败感和焦虑。

三、告别纸尿裤要在孩子"准备好"的时候开始

专家支持

杨明智。

导言

训练孩子自己上厕所这件事,是每一个妈妈都会遇到的挑战。这个人人都能掌握的技能,在学习的过程中可不是人人都能一帆风顺的。孩子的排便训练如果不做好,会破坏亲子关系,大人情绪表达过分激烈,亲子之间的信任不断被消耗。同时,因为排便训练是孩子第一个规则学习,做不好会影响孩子对规则的认知,不利于形成正确的规则意识。孩子可能会变得过度惧怕权威,或者对抗规则。

三、告别纸尿裤要在孩子"准备好"的时候开始

案例

阿欣(化名)再过几个月就要上幼儿园了,可是她到现在还没有学会自己上厕所。妈妈从阿欣1岁半就开始对她进行如厕训练,一直没成功。阿欣既不让妈妈把尿也不肯坐马桶,不给穿尿不湿就一直憋着。之前尿急会焦躁会让穿纸尿片,现在长大了,知道不该再穿了,急了会发脾气。妈妈和外婆跟阿欣讲道理,阿欣也能明白,会说长大了要在马桶尿尿,不能尿在尿片上,可就是做不到。阿欣肯配合坐马桶,但尿不出,一穿上纸尿片就尿了,她很反感坐马桶。

为了上幼儿园的时候可以尽快适应集体生活,妈妈把阿欣送去了早教机构,早教机构的老师成功让阿欣在马桶上尿尿过几次,但也是经常尿不出来。在家里妈妈一次也没成功地让阿欣在马桶上尿过尿。

解析

"什么时候锻炼宝宝独立大小便?"

"宝宝要上幼儿园了,不会独立大小便,怎么训练?"

"别人家孩子2岁不到就能自己大小便了,我家宝宝为什么2岁多了还学不会?"到底应该什么时候开始训练孩子自己上厕所,是每个妈妈都会问的。这个问题有没有标准答案呢?

美国儿科学会的研究表明:同样对1岁半和2岁的宝宝

进行上厕所训练,1岁半的宝宝到4岁才能学会,而2岁的宝宝学1年就会独立上厕所了。

因为1岁前的宝宝不具备自主控制排便的能力,宝宝的膀胱、尿道括约肌、肛门括约肌以及神经系统都没有发育成熟,这个时候让宝宝学习自己上厕所,不仅宝宝没办法做到,而且可能会对未发育的肌肉和器官造成不好的影响。

等到宝宝满1岁了,身体条件可以进行排便训练了,但这个阶段的宝宝还没有办法明确表达自己的想法,所以也还是没法进行训练。

通常,当孩子同时满足以下7个条件时,说明他(她)在生理和心理上都做好了如厕训练准备:

(1)孩子已经能够自如跑动了。他(她)不再热衷于走和跑的探索,可以在小马桶上安静坐一会儿。

(2)孩子已经认识了自己的身体。能说出常见身体部位的名称,是孩子会自发地进行如厕的先决条件。

(3)孩子能听懂指令并执行。这个指令至少是3条以上的信息,如:"到桌子前,选一个苹果,拿给我。"

(4)开始有归位的行为。知道了什么东西要放在什么位置。这样孩子们也会同样意识到,排泄物是属于马桶的。

(5)孩子会模仿大人的行为。"像大人一样上厕所"会让孩子有脱掉尿布的动力。

(6)有相对规律的大小便时间。不一定每天定时排便,但基本有规律,这样会提高如厕训练的成功率。

三、告别纸尿裤要在孩子"准备好"的时候开始

（7）还有一点，孩子能够说"不"了。如厕本身是一件自己做主的事情，需要孩子学会自主控制。一个会说"不"或各种事情都要"自己来"的孩子，已经开始追求自主权了，这恰恰是如厕训练可以开始的体现。

当孩子拒绝自己去洗手间大小便，家长首先需要对孩子不愿意去洗手间的原因进行分析。大人座便器不适合孩子，有的孩子坐上去之后，一不小心掉了下去，这让孩子产生恐惧的心理，从此不愿意自己坐马桶上大小便了。有的孩子不愿意上厕所可能是因为还没能掌握上厕所的方式，有的孩子习惯用蹲厕，换一个姿势，会由于不习惯所以尿不出来；还有的孩子是习惯了家里人在旁边帮助，不愿意自己独立完成这件有挑战的事情。

孩子由穿纸尿裤改为穿内裤，这在家长看来是个小变化，对于孩子来说，意味着原有的行为模式改变了，不会穿脱内裤或裤子常常成为孩子自主如厕的主要障碍。有一些家长会包办孩子的各种事务，孩子不会穿脱裤子，家长就每次都上前帮忙穿脱。这种做法看似省事，却可能为孩子今后的生活带来麻烦，这些小事会导致一系列连锁反应，如厕难、起床难、交往难，等等。

建议

孩子的如厕训练如何做？

1. 什么季节开始训练

建议在夏天开始锻炼孩子自己上厕所。一方面，夏天天

气热,孩子穿着纸尿裤不透气、不舒服;另一方面,刚开始孩子比较容易尿到裤子里,夏天换洗衣服也比较容易。

2. 怎么训练

给孩子安排具体的排便时间,训练他(她)建立起排便习惯。可以选择一个较空闲、固定的时间,每天训练孩子拉大便。如此连续执行15至30天,即可养成习惯,注意不要随意更改训练时间。例如:如果孩子进食比较规律,那大便也是比较规律的。一般是早起的时候,就让孩子坐在马桶上,家长陪着他(她),坐几分钟,大部分情况都会拉出来了。一旦决定锻炼他们自主上厕所,就要给孩子穿内裤,不要再穿纸尿裤了。刚开始几天可能会尿裤子,但是孩子通过这个过程,就能意识到他们需要尿在马桶里。有时候,训练小便时可以用一个闹钟,每隔1小时左右会响,一响就可以对孩子说:"我们去尿尿吧。"然后带孩子去洗手间,学习用马桶小便,教他(她)怎么用马桶,怎么脱裤子,怎么提裤子,怎么冲马桶,怎么洗手等,所有的步骤都需要一步步来引导孩子。

3. 对孩子多多鼓励

如果孩子没有尿裤子,可以把他(她)抱起来给予拥抱和语言上的奖励,孩子会感到很高兴。这种鼓励会帮助孩子更早地学会自己上厕所。

4. 准备一个可爱的孩子专用便器

带着孩子一同挑选他(她)喜欢的便盆,还可以让他(她)为自己的便盆做些修饰,只有对便盆产生兴趣,孩子才可能会有坐在便盆上大小便的欲望。这是如厕训练过程中非常重要的一步。

5. 尊重孩子的意愿

坐便盆的时间不宜太长,一般5至10分钟即可。如果孩子没有便意,就让他(她)起来,过一会儿再去。也不要让孩子坐在便盆上吃东西、玩玩具或看图画书,以免转移了注意力。

6. 培养快乐的如厕情绪

对孩子能够自己顺利完成排便过程或有进步时都应给予恰当的表扬,说些称赞的话语,既对孩子的语言和心理发育有促进作用,又能让孩子体会如厕的舒心和快捷。训练即使有失败,也不要训斥孩子,家长要耐心,多给孩子鼓励。这非常重要,否则,孩子在心理上产生排斥和厌恶的情绪,结果就适得其反了。

7. 多一点耐心和宽容,保护孩子的自尊心

大人在这个时候为孩子提供足够的安全支持,不责怪孩子,和孩子一起面对问题,增强孩子的安全感。当孩子弄脏自己裤子的时候不要责怪他(她),而是教他(她)怎么正确地善后,例如换裤子、洗裤子等。然后再跟孩子聊聊刚刚洗裤子是

因为什么事情？下次如果想大便的时候该怎么办呢？让孩子自己口述出来，把这些问题和解决方案记忆在自己脑中，慢慢就会改善。

8. 父母需要放松心情，相信孩子迟早都能学会的

　　积极关注每一次进步，让孩子感受到每次的一点点进步带来的喜悦。

四、当孩子在幼儿园受到伤害

专家支持

邵僴颖，国家二级心理咨询师。

导言

幼儿园老师虐童的事件虽极少见，但每次都会引发舆论的广泛关注。有些家长觉得新闻上的事情离自己很远，自己家孩子的老师不会有这样的行为。也有些家长担心万一自己家的孩子碰上了此类事件，该怎么办。

案例

某幼儿园家长群里有家长称自家孩子因为不想喝水，被老师逼着喝了几大杯水。于是，家长们联系园方查看教室的监控视频。有家长把拍到一个男孩被老师打的视频发到了家长群。徐女士发现,视频中被打的孩子是自己的儿子。视频中一位老师用木梳连续4次敲打男孩的头部,现场另一名教职员工并未制止,多名学生围观。徐女士称,除了自己孩子被打,她还在监控视频里看到其他小朋友被老师体罚。

根据徐女士提供的医院验伤说明显示,被打的孩子分别出现了头部损伤、腹痛、胃肠功能紊乱、面部损伤等情况。

徐女士说,自己的儿子回来后胆子变小了,还说"妈妈你不要再问我了"。而幼儿园园长联系徐女士道歉,"就说了一声对不起,别的没了"。

解析

每一次媒体曝光出幼儿园老师虐待孩子的事件,都会引起舆论的广泛关注。爸爸妈妈们一边对涉事幼儿园表达愤怒,一边忍不住担心如果自己孩子也在幼儿园遇到此类事件该怎么办?

在被媒体曝光的这类事件中,孩子遭遇到老师虐待的家长都是最愤怒的,他们会报警、向媒体反映情况,讲述孩子的状况。但实际上,在这类事件中,受到伤害的不仅仅是直接被老师虐待的孩子,还有同时在现场的其他孩子们。这类事件

四、当孩子在幼儿园受到伤害

会对所有在场的孩子造成创伤。所有在场的孩子,他们的恐惧是一样的,不会因为老师打了这个孩子,这个孩子就特别害怕,老师没有打其他孩子,其他孩子的害怕就会少一点。实际上,没有被虐待的那些孩子,他们的恐惧会更多,因为他们不知道什么时候会发生到我头上。

对于大部分孩子来说,当他们看到老师打其他小朋友的时候,他们是完全搞不清楚情况的,他们没有判断标准,什么情况下老师会发脾气,什么时候这样的事情,会发生到自己头上。为什么吃饭慢了,老师就会发脾气;为什么一样是吃饭慢了,张老师不会生气,李老师就要发脾气;为什么昨天也是吃饭慢了,李老师就没有发脾气,今天却发脾气了……

当老师做出体罚等行为的时候,一定会备一个合理化解释,这类解释一般都是批评孩子这个不对、那个不好,对于被老师虐待的孩子,最大的一个心理冲击是,孩子大概率会因为老师的这个行为和批评,被灌输了"是我不乖,是我不对,所以老师才会体罚我"这样的想法。

事件发生时所有在场的孩子,爸爸妈妈首先需要做的是,要跟孩子一遍遍地强调,发生了这样的事情,老师打了小朋友,这不是你们任何一个小朋友的错。无论小朋友做了什么样的事情,老师骂人、体罚等,都是不应该的。需要跟孩子反复着重地去强调,无论小朋友在幼儿园里做了什么,他们都不应该受到老师这样的对待。

要告诉孩子,老师打小朋友这个事情,是老师个人的问题。这个老师教育小朋友的方法不当。

很多人会觉得幼儿园的小朋友什么都不懂,讲话也讲不清楚。其实,孩子虽然年幼,他们的逻辑或许不一定那么缜密,但他们的情绪体验一定是懂的。所以,跟孩子强调,老师打了小朋友这个事情不是小朋友的错,是老师有问题,是非常重要的第一个干预步骤。最好是多方面进行,包括:爸爸妈妈跟孩子反复强调这不是小朋友的错;幼儿园其他的老师来给小朋友们解释,这个事情发生不是小朋友的错,是那个老师的问题;媒体报道时候也可以说明,当事老师行为不当。让孩子所在的环境中,不同的人,可以用各种方式来告诉直接或者间接经历了虐童事件的孩子们,发生这一切不是任何一个小朋友的错。

当周遭的大人都能给孩子这样解释的时候,实际上是在帮助孩子肯定他们自己的感觉。我们可以试着换成孩子的视角,来还原一下孩子的心理过程——当一个小朋友被老师打了,孩子最初一定是觉得很奇怪,为什么会发生这样的事情?可能在二三十年前的中国社会,体罚孩子比较普遍,但近些年,我们的教育已经大大进步。孩子在幼年的时候,即便是调皮捣蛋,也很少会挨打。所以,对于老师发脾气打孩子的这个情况,小朋友们的第一反应会觉得这个事情很奇怪,它不是一个小朋友的世界里顺理成章就会发生的事情。于是孩子就会去寻找一个合理的解释。打人的老师会给自己的行为进行合理化解释,那就是小朋友不乖,不听话。但是,不听话就要挨打吗？这并不是一个合理的逻辑。孩子是会觉得奇怪的——"我在家里调皮也不会挨打啊，我之前在幼儿园也有过不乖的行为，其他老师也不会就发脾气打我呀。"

爸爸妈妈可以通过跟孩子反复强调，老师打小朋友是老师的行为不当，是老师的问题，来帮助孩子确认他（她）当时觉得老师的行为不合理的这个感觉。如果不做这一步，这些孩子可能在成长过程中，慢慢地会怀疑自己的感觉，不相信自己对一些事情的感觉。

当你知道孩子班级里发生了老师虐童事件，但是，你的孩子没有直接牵涉其中，孩子回到家里也没有主动提起有小朋友被老师打的事情，作为家长要怎样做才合适呢？

有的家长会觉得，自己家的孩子没有直接牵涉其中，孩子看上去好像各方面情况都还蛮正常，似乎没有去在意这个事情，就不要主动跟孩子去提起这个糟糕的事情了。

我们的建议是，幼儿园发生了这样的事情，家长要主动跟孩子聊一聊。可能很多妈妈都会在孩子放学后问，今天在幼儿园里学了什么呀？和谁玩了呀？可以沿着这些平常天天会问的问题延伸开去，比如问问孩子，是不是他们班上有一个小朋友没有来？

一般情况下，孩子可能会说，"哦，那个小朋友好像没有来了"。或者有些孩子会说"不知道呀，他好像没有来，我也没留意"。

这种情况下妈妈可以进一步再问："你知不知道为什么那

个小朋友没有来呀?"

这句问话很重要。一方面我们需要看看孩子是怎么反应,对于小朋友没有来这个现象孩子是怎么看的。另一方面,我们也可以了解幼儿园对于这个事情的处理是怎样的。

有些孩子可能会就会说:"他搬家了,所以不来了。"有些孩子会说不知道,老师说他有事情不来了;或者他生病了,不来了。

这个时候,家长就可以跟孩子说,你们了解到的这个小朋友不来是因为怎么样的原因,发生了怎么样的事情。

很多家长不敢做这一步,是因为害怕孩子承受不住。其实只要有一个合理的解释和引导,孩子是能理解的。家长这样做,能够让孩子知道事件原委。孩子对这个事情不清不楚才更糟糕,因为在不清不楚的情况下,孩子就会有很多的想象加在里面了。家长要做的就是,不要让孩子有很多的想象,直接把事情公开的摊在桌面上跟孩子讲,某某小朋友不来,是因为他在学校里面经历了这样的一些事情。而且,不是这个小朋友的错,而是这个老师的问题。这个小朋友因为经历了这个事情,他也不太想留下来继续学习了,所以他的爸爸妈妈会给他换个环境,去其他幼儿园。

当家长给孩子讲了整个事情之后,孩子可能会问:"那老师会不会打我?"

所以接下来,家长还需要告诉孩子,其实这样的事情是非常少的。然后给孩子一个正向的东西,比如"你最喜欢的某某老师,他就从来不会对小朋友发脾气,更不打人,对不对?""和其他小朋友玩的时候,你有没有听到过你的小伙伴说他们发生这样的事情?没有吧。这种事很少的,只不过发生了,妈妈觉得应该要跟你讲一讲。"

建议

1. 家长需要认真评估学校的行政管理情况

虐童行为发生和幼儿园的行政管理比较混乱是有一定关系的。幼儿园在选拔老师的时候,存在一些评估性的问题,挑选不出合格的老师,或者说,无法评估怎样的老师是人格稳定、情绪稳定的。如果在录用老师的标准上有漏洞,就很难避免会有这样的老师进入到教师队伍里面,会再有老师发生此类行为。

这类事件曝光出来的时候,一般都会称,这是老师的个人问题,但如果没有幼儿园管理层,以及整个环境的默许,老师怎么敢轻易做出这样触犯红线的行为呢?在过往媒体曝光的此类事件中,多追问一下,就不难发现,当有一起这样的事情被曝光的时候,这个幼儿园里同类事件多半发生过多次了。要么是同一个老师违规了好多次,要么,就是好几个老师违规了好多次,不会是单独一个老师有了这一次触红线的行为,就正好马上被曝光。

因此,家长需要慎重考虑,虽然这一次的事情可能没有发生在自己的孩子身上。

2. 事情过去了一段时间，依然需要观察孩子的情况

可以在家里用角色扮演的方式和孩子玩游戏。妈妈扮演学生，孩子扮演老师。妈妈可以故意做出一些不守规则的举动，看看"老师"的反应。孩子一般会在游戏里，把老师平时对待他们的方式照搬出来。这可以侧面帮助家长去了解这个幼儿园的教育环境，对之前的事件后续处理得怎么样。

五、当孩子问出"我从哪里来"

专家支持

胡佳威,保护豆豆创始人,中国性学会家庭性教育分会秘书长,著有《重要的"性"影响孩子一生》。

导言

年轻的家长对于孩子的性教育的重视程度比上一辈家长要高,但是性教育在什么时机开始,怎样去回答孩子的问题,依然是很多爸爸妈妈困惑的事情。

性教育是亲子关系的连结里非常重要的一环。在亲子关系中,爸爸妈妈本身就是孩子研究的"对象"。孩子会好奇,为什么都是同一个性别自己的身体和妈妈或者爸爸的依然有不一样,也会好奇异性家长的身体结构。当孩子表现出对身体的好奇,开始询问"我是从哪里来"这样的问题时,就是家长对孩子做性教育的启动信号。

案例

案例一

一名4岁宝贝问爸爸妈妈："我从哪里来的？"爸爸没当回事，开玩笑地说："充话费送的。"并没有留意宝贝的异样，在一次家庭冲突后，宝贝离家出走了！后在菜场边角找回。爸爸表示很惊愕，小时候父亲还跟他说他是垃圾堆里捡回来的，也没啥呀。妈妈既惊恐又伤心。

案例二

妈妈洗澡，门没有锁好，3岁宝贝推开门进来要看妈妈洗澡，边看边说："妈妈，你没有小鸡鸡呀？"妈妈有点慌，忙说："妈妈在洗澡呢，快出去玩！"可是宝贝就是不走。爸爸洗澡时，宝贝也来敲门，说："我要看爸爸洗澡。""咦，我和爸爸都有一条尾巴！"遇到这样的问题，父母都觉得很尴尬，不知道怎么办。

解析

当孩子开始好奇生命的起源，这是一个信号，说明爸爸妈妈可以用适当的方式对孩子进行性教育了。生命的孕育和诞生是非常神奇的过程，也是物种繁衍生息的必然。一些较为传统的家长，不知道如何给孩子解释，就会说孩子是"捡来

五、当孩子问出"我从哪里来"

的",还有的家长则半开玩笑的说是"话费充值送的",这样的回避对于孩子来说并不是件好事,很可能会给孩子带来极大的不安全感——"爸爸妈妈跟我没什么关系,他们也不爱我",影响亲子依恋关系。

妈妈可以用孩子能理解的语言简单直接地回应孩子:"宝贝,这真是一个奇妙而有趣的话题。告诉你哦,你是从妈妈肚子里出来的。"如果孩子继续追问:"怎么从妈妈肚子里出来的?"可以告诉孩子:"妈妈肚子里有一间温暖的房子叫子宫,宝贝出生前就待在妈妈的子宫里面。长啊,长啊,有一天,房子装不下了,你就出来了。"如果好奇心还是没有满足,继续追问:"我是怎么出来的呢?"继续用孩子听得懂的话来回答:"妈妈的两腿之间有个生命通道叫阴道,就像一条长廊,连接子宫和外面的世界。"如果是剖宫产的宝贝可以告诉孩子:"还有另外一条神奇的通道在妈妈的肚子上面,医生用手术刀拉开一个口子,然后把宝贝抱出来。"甚至可以请孩子看看刀疤。回想那段奇幻的经历。同时也告诉孩子——"不管从哪一条通道出来,对妈妈来说,都是很疼很疼的,尽管如此,妈妈还是感觉特别幸福与快乐,同时,爸爸、爷爷、奶奶、外公、外婆等亲人们都在手术室外期待着你的到来。为你准备了许多礼物!"

大多数孩子在3岁左右的自我认知探索阶段,对身体产生兴趣,孩子会研究一下自己的身体,还会发现人与人之间的不同。这个年龄的孩子,还没有发展到懂得遵守社会规范的程度,依旧活在自我探索的世界里。比如,当孩子发现男生与女生好像有些不一样。他们会先从自己或家人开始探索,而不会因为父母的责怪与忽略而放弃探索。在孩子眼中,生殖器官和其他器官一样,并不是大人眼中的"耍流氓"。

面对孩子对于身体的发现,家长需要及时给予肯定——"宝贝,今天你又有新发现,太棒了!"也可以顺势铺垫生长发育阶段的神奇变化,如:"你是个小男生,等你长大了,也会跟爸爸一样长胡子,有喉结……"

当然,这对家长是个考验,能否坦然自在地面对孩子,引导观察发现,用科学的词汇来进行交流,需要父母的率先认同与接纳,比如:"小鸡鸡的大名叫阴茎,它会长大的哦!"

在幼儿园阶段的孩子,同样需要强调,在外面,我们不可以让别人随意看到我们的身体,更不能触摸,万一碰到了,回来一定要告诉爸爸妈妈。

建议

像尊重成年人一样尊重每一个孩子,尊重孩子的认知发展规律,和孩子之间坦然对待性、讨论性,用孩子听得懂的语言,和孩子沟通。引导孩子学习科学正确的身体部位名称,知道隐私部位的器官与鼻子、眼睛、耳朵一样是我们身体必不可少的一部分。引导识别哪些部位是隐私部分,属于秘密地方,懂得自我保护,敢于拒绝,学会求助。

在性教育的过程中,家长可以通过与孩子共读亲子绘本,来了解孩子感兴趣的那些知识。图文并茂的绘本里用孩子能够看明白的语言、画面来解释科学知识,既有趣又生动形象,如《小威向前冲》《妈妈的乳房》《我从哪里来》《探秘我们的身体》等。

六、自我保护从强化孩子的性别意识开始

专家支持

廖丽娟，Aha 幸福学院联合创始人，毕生发展倡导者。

导言

年幼的孩子遭遇性侵犯，这是任何一个家长都会愤怒和无法接受的事情。然而，愤怒并不解决问题，如何对孩子进行科学的性教育，教育孩子保护好自己，让孩子对某些特殊情况具有相应的敏感性，才是家长们需要面对的课题。

案例

将女儿送去某幼儿园的家长们不曾想到，自己竟然亲

六、自我保护从强化孩子的性别意识开始

手将孩子送到了一个"色魔"手里,5名女童于午休时间在该幼儿园遭到保安的猥亵。这一龌龊事件的持续时间可能长达一年。

"我都不知道该怎么和警察说,我的女儿才6岁呀。"在面对记者时受害女童的母亲神情凝重。这位母亲是无意中知道自己女儿被幼儿园的保安"摸"了,女儿描述"事情每次都发生在大家午睡的时候"。据母亲称,有一次孩子已经睡着了,结果被保安弄醒,他正伸手摸她下身。采访中更有家长称,自己的孩子还曾亲眼目睹了保安龌龊的行为。"听说他还把这些过程用手机拍摄了视频,实在是太恶劣了。"家长们愤愤不平。

解析

孩子对自己的性器官的好奇和探索,从很小的时候就开始了。很多成年人都会记得儿时和小伙伴一起玩过扮演医生和病人的游戏。做了家长的你,是否了解这个游戏背后的秘密?实际上,这代表着孩子开始对衣服下面的身体感兴趣了。从这个阶段开始,爸爸妈妈要注意强化孩子的性别意识,不要把男孩当女孩养,也不要把女孩当男孩养。在孩子的人际互动上,要按照孩子的性别去培养和塑造。

很多妈妈都有这样的一个疑问,该如应对孩子对身体的好奇?有一位母亲的故事可以作为参考。有一天这个母亲的

女儿指着妈妈的乳房问她："妈妈，这是什么？"母亲很平静地说："这是妈妈的乳房。"女儿"哦"了一声以后又问："妈妈，我有乳房吗？"这位母亲意识到这是教育孩子自我保护的好时机，于是就告诉孩子："宝贝，你当然有乳房。你知道吗？这是人身上很多美丽的器官之一，因为这是孩子获得妈妈乳汁的地方，所以我们要保护好这个部分的健康和安全，我们不能允许别人看到，更不能让别人去触摸。"

在让孩子了解自己的性器官后，家长要有意识地在日常生活中教会孩子尊重自己和他人的隐私。比如，即使是在家里，即使只是小不点儿的孩子，进洗手间也要学会关门。女孩子洗澡的时候，在需要的情况下，尽量由同性的长者帮忙。最好不要是爸爸，当然更不能由其他的异性长者帮忙。

有时候在商场里我们会看到这样的情景，孩子试穿衣服，因为人比较多，试衣间不够用，有的家长就会帮身边的幼童直接在众目睽睽之下换衣服，可能在家长看来这么小的孩子没关系。但其实这很要紧，如果爸爸妈妈都不尊重孩子的隐私，也就让孩子习惯了隐私不被尊重，当被陌生人侵犯的时候，很容易会缺少该有的警惕性，甚至觉得可能是没有关系的。

当然隐私的尊重是彼此的，爸爸妈妈要尊重孩子的隐私，也要教会孩子尊重爸爸妈妈的隐私。有个妈妈遇到儿子想要摸摸她的乳房，妈妈当然知道应该拒绝，但却感觉很难回答。

这时候可以分成两步走，第一步，可以进一步聊聊孩子的内心想法。在了解孩子的内心想法以后，第二步就可以很平

六、自我保护从强化孩子的性别意识开始

静地告诉孩子:"妈妈知道你有一点儿好奇,但是妈妈也有妈妈的隐私,希望得到尊重。不如我们看看教科书帮助你了解更多知识吧。"

在教育机构里,因为分工不同,会有各种角色的成年人进入。有一种观点是在全世界范围内都达成共识的,那就是:在任何时候,幼童的身边都应该有具备教师资质的人陪伴。在一些幼儿园里,因为家长比较晚才来接孩子,个别孩子就会被一些没有教师资质的人暂时看管。

听上去这是很好理解的做法,但是这种做法往往潜藏着不规范的危险。毕竟在教育机构里面,经过专门儿童保护训练的只有教师。而前面案例中,发生猥亵儿童事件的幼儿园,作案者正是幼儿园保安——他在教师人手不够的时候代为看管午睡的孩子,并借着这样的机会猥亵女童。

当孩子从家庭走到了社会,走进了学校,去到各种培训和活动机构,家长要有足够的敏感性。比如,先行了解这些地方的开办资历,了解这些场合的操作规范性,在无法保证安全的情况下,应该采取相应的干预措施,或者自己跟进,也可以选择减少甚至避免进入这些场合。

建议

当案例中的事情发生在自己的孩子身上,家长该如何应对?事实上孩子对性侵犯的感受更多来自父母对这个事件的反应。父母的紧张、焦虑,会让孩子感觉到特别受伤害。很多

时候，孩子可能不会直接向父母描述那个侵犯他们私处的人的行为，但他们常常会暗示自己的担心。当你感觉到孩子想告诉你什么，但又不知道该怎么说时，敏感一些，仔细听他们说。

3至6岁的孩子，很少说"我"，他们更喜欢用象征的方式表达。如果家长已经从老师或其他人那里了解到了一些情况，想询问自己的孩子，最好不要直接问，可以用讲故事的方式。比如，孩子很喜欢喜羊羊，你可以跟孩子说："喜羊羊是个很快乐的小羊，但是这一天它很不开心，为什么呢？"孩子可能会告诉你："因为有人欺负它了……"

此外，家长还要学会，用自己的语言、表情、肢体动作告诉孩子，当孩子告诉你其他人做了什么时，你是不会生他（她）气的，更不会责备他（她）。

受到性侵害的孩子，最常见的反应是恐惧、创伤后应激障碍，甚至有的孩子还有会出现多动以及将来的性行为异常等。研究发现，大部分的儿童能在侵害停止后的12至18个月后恢复，但是也有相当数量的儿童在成年后仍有心理问题，那就需要接受专业的心理辅导。

第四篇

灵活调整养育方式

一、特别周到又特别忽略的关系，你们家存在吗

专家支持

廖丽娟。

导言

在一个家庭里，孩子往往是大家的焦点。传统的观念里，评价孩子"养得好"的标准是白白胖胖，吃好穿暖。这种理念之下，亲子关系中最重要的仿佛就是给孩子一个丰富的物质条件。家长对孩子在物质上的照料无微不至，可是却往往忽略了孩子情绪上的波动，影响了孩子完成自己在这个阶段能力发展的"进度"。

案例

　　4岁半的女孩星星（化名），不说话已经3个月了。最近，爸爸妈妈忽然意识到，星星已经有好多天一句话都没有说了！每天早上照常起床，吃早饭，去幼儿园，玩耍……所有的事情都很正常。星星可以听明白别人跟她说的话，能够用动作来表达自己的意思，在幼儿园里，也可以跟其他小朋友一起玩积木做游戏，就只是不开口说话。

　　这个状态一直持续了3个月没有一点儿改善，一家人都开始慌了。爸爸妈妈担心孩子是不是得了自闭症。

　　这一切到底是怎么开始的呢？是从哪一天开始，星星就不开口说话了呢？把日历往前翻3个月，那一天发生了什么？

　　星星在幼儿园读中班，幼儿园每一个学期都会根据相应年龄段的孩子的能力发展，设置一些"任务"。这个学期，老师给大家的任务是做一个小小天气预报员，每天会轮到一个小朋友来给大家做天气预报。

　　这一天，应该是轮到星星来做天气预报员。可是，爸爸妈妈都忘记这个事情了，星星自己也忘记了，没能提前在家里做好准备。到了幼儿园里，星星才猛然想起这件任务。她不好意思告诉老师，自己没准备好，只能硬着头皮上，表现也就毫不意外的不够理想。看到星星结结巴巴

一、特别周到又特别忽略的关系，你们家存在吗

的表达，班级里的小朋友们都笑了。老师并没有批评星星，大多数同学也没有把这当回事。只是，有个别同学笑话了星星，这让她觉得非常难过。

放学后，星星并没有主动告诉爸爸妈妈今天在幼儿园发生的事情。只是闷闷的，不作声。平时把孩子照顾得无微不至的爷爷奶奶，已经做到了只要星星一个眼神、一个动作就可以知道宝贝孙女想要什么，所以，星星不开口，似乎并没让她有任何的"不方便"。

于是，第二天、第三天、第四天……日子一天天过，星星不再开口说话。

解析

星星3个月都没开口说话，是不是得了自闭症？这个问题是星星的爸爸妈妈特别担心的。普通人对自闭症的认知，可能最大的一个印象就是，自闭症孩子不跟别人说话。自闭症的孩子，不通过社交的方式来表达需求，他们有一套自己的规则体系。他们会通过一套重复的、仪式化的动作，构造自己的一套意义体系，但无法跟别人共享自己的这个体系。

从星星的表现来看，她并不是自闭症孩子。星星之前一切正常，不开口说话的这3个月里，依然能够和其他人正常沟通。当有人跟她讲话，她可以理解对方在说什么。她可以把语言表达转化为动作表达，比如用摇头、点头等肢体动作来

回应。

可是，为什么星星不开口说话呢？

通常碰到这种情况，有两种原因。我们先来说第一种原因，那就是在亲子关系中，孩子的语言表达是没有必要的。很多孩子不发展语言，因为父母没有给他（她）制造发展语言的需求，换句话说，就是作为养育者的爸爸妈妈对孩子的照顾太周到了。比如孩子一眨眼，想吃的点心就送到面前了，一伸手，要穿的衣服就帮他（她）穿好了。这种情况在隔代养育中更显著，很多爷爷奶奶、外公外婆还特别会在这方面攀比，比赛谁更懂孩子，更加能和孩子心灵相通。在这样的情况下，孩子不需要说话，不需要发展语言，一切需求就已经得到满足。

我们会看到，在一些早教机构、托班里，有些已经快3岁的孩子，还不能完整地说一个句子，只是会用"嗯"这类单字来回应老师。这些孩子家里往往都有一两个把他（她）照顾得无微不至的家长，这种"周到"的亲子关系造成了孩子语言发展的延迟。星星家里，爷爷奶奶对她的照料也是属于极其周到的类型。

第二种原因是，孩子在语言表达的过程中，遇到过小创伤，爸爸妈妈没有及时发现并做出相应的处理，造成了孩子不再愿意开口说话。

星星遇到的小创伤，就是她在幼儿园里做小小天气预报员的时候，因为没有提前做好准备，所以发挥得不太好，有其他同学因此笑话她了。当孩子遇到这类的小创伤，比较理想

一、特别周到又特别忽略的关系，你们家存在吗

的情况是，能够在当天晚上入睡前，跟爸爸妈妈用语言表达的方式讲出来，爸爸妈妈及时对这个事情做一些处理。但是，星星的家人一方面对她的生活起居照顾得特别周到关爱有加，同时，又对星星本身的情绪状态处于一种"忽略"的状态。甚至，那一天从幼儿园回家到晚上入睡，家里都没有人意识到，星星回来后一句话都没有说过。而且，在接下去的几天里，星星依然没有说话，家里所有人也都没有意识到，孩子这几天怎么一句话都没有说。

这种特别周到，又特别忽略的"矛盾"状态，实际上是一种"常态"，很多家庭里都存在。

星星不说话的行为，实际上是一种退行性的发展。因为她发现，当她不再说话的时候，世界变得更好了，家里所有的人都对她更关注了，照顾也更加周到。也就是说，"不说话"让她获得了收益，那她干吗还要说话呢？

建议

我们已经知道，星星的沟通能力是正常的，其他各方面也都没有问题。那么现在要解决的就是如何让她重新开口说话。

1. 用提问来引导孩子说出完整的句子

星星其实是会说话的。至少在小小天气预报员的事情发生之前，她的语言表达能力一点问题都没有。那么，接下

来就需要家里人协同配合,鼓励星星把她的需求用语言讲出来。

举个例子。比如,星星喜欢喝酸奶,平时她放学回家看一眼冰箱,奶奶就知道她想要喝酸奶,立马就会拿到她面前。现在,可以换一种方式。

星星看着冰箱的时候,可以问她:"宝贝,你想要什么呀?"可能星星一开始依然不会用语言回答。不要生气,不要着急,多试几次,每天都重复试几次。

总有一天,星星会回答:"酸奶。"

这个时候,就可以继续问星星:"你能完整地告诉我,什么时候想要酸奶吗?"

可能依然需要重复多次。有一天,星星会完整地说出句子:"我现在就想要喝酸奶。"

这个方法可以用于训练孩子的语言表达能力。

2. 要给孩子营造一个安全的环境,适当给予奖励

很多父母经常会模糊了安全和奖励的界限。该做的事情是不需要表扬的,只是,要让孩子知道,如果做不到他们也是安全的,不会被指责批评。

比如,当我们鼓励孩子把自己想要什么用一个完整的句子说出来,比如"我想要去儿童节去迪士尼乐园"。孩子有可能没有做到,这个时候,不需要批评孩子,合适的做法就是,他(她)没做到,我们不要太在意。但千万不要在他(她)没做到

的时候说"宝贝很棒",因为他(她)并没有"很棒"。当孩子做到了,就要有一级表扬;做得更好,就有二级表扬;做得非常好,就给到三级表扬。

当爸爸妈妈这样去做的时候,孩子就清晰地知道,"我做得不好,我也是安全的,我做得好,的确就是真的会得到不一样的奖励"。这种安全,实际上就是来自一个比较良好的亲子关系及其带来的家庭氛围。

3. 刻意训练孩子说复杂的句子

在孩子很小的时候,语言和思维的发展是分开的,随着年龄的增长,孩子的语言发展和思维发展不再是两条平行线,而是互相关联的。对于五六岁的孩子,家长可以有意识地和孩子多说复杂句。同时,也要鼓励孩子用复杂的具有逻辑关系的语言表达自己的想法,可以训练他(她)用形式多种的语言表达出来。也就是,帮助孩子在语言表达的时候能够有丰富的词汇和形式,最后达到非常精准的语言表达。

4. 爸爸妈妈要多和孩子说"废话"

孩子的语言能力是"泡出来"的。重点在于"情景化",而非填鸭式的知识填充。在带孩子去公园晒太阳的时候对孩子说,"这是一棵树""小狗跑得真快",等等,在情境中学习语言,是学习语言最好的方式。3岁之前,父母对着孩子说了多少词汇量,直接影响孩子大脑的发育,也会影响亲子关系的构建。

爸爸妈妈们要注意，和 3 岁以前的孩子讲话的关键指标：30 厘米的距离；面对面；看着孩子的眼睛。也许你说的都是一些没啥要紧的"废话"，但这种亲子信息交流的过程，和孩子眼神的交流、情绪的互动，远比你具体说了什么内容更重要。

二、别用"吓唬"的方式让孩子听话

专家支持

徐恒。

导言

生活中,有时候我们会遇到这样的孩子,对雷声、鞭炮声等表现出过度的应激反应,还有对气味特别敏感的。究其原因,除去病理性的个体,比如个别自闭症儿童对声音特别敏感外,主要还是由于父母早期引导造成的。而父母往往没有意识到,自己在某些场景下的表情、动作给孩子示范了恐惧。

案例

案例一

有一天,可欣(化名)和妈妈在外面玩耍,此时有一个大点儿的小孩将喝完的牛奶盒吹得鼓鼓的,然后放地上用力一踩,发出"嘭"的一声。可欣的妈妈立马捂住可欣的耳朵,并表现出害怕的样子,嘴里还说着:"可欣不怕,可欣不怕。"原本可欣并没有那么害怕,但妈妈的行为,让可欣感觉到这是一件非常可怕的事,因此她还哭出了声。这时,妈妈更加认定可欣害怕得哭了,是那个大孩子造成的,她很生气地训斥了那个大孩子。

案例二

琪琪(化名)会对一些气味表现出特别害怕的情绪状态,尤其是煤气的味道,琪琪的反应让妈妈有点担心。琪琪是什么时候开始会对煤气味道特别害怕的呢?原来,有一次妈妈带着琪琪经过一个地方,空气中飘来刺鼻的煤气味道,让妈妈觉得非常恐惧。妈妈告诉琪琪,这种味道代表着危险,要赶紧远离这个地方。从那以后,琪琪对一些特殊气味就表现出特别害怕的情绪。

解析

父母与孩子的亲子依恋关系,是孩子早期安全感的基础,

二、别用"吓唬"的方式让孩子听话

在这样的一种连结里,父母需要给孩子传递更多积极安全的体验,这对于孩子成年后,与同伴之间的关系,成家之后与另一半的夫妻关系,都非常重要。如果在早期的亲子关系中,父母带给了孩子很多恐惧的体验,这种负面的情绪,可能对孩子产生深远的影响。

小孩子对这个世界充满着与生俱来的好奇,在某些时候,父母的行为和情绪,会使得孩子的好奇转变为恐惧,但有些家长并没有意识到这个问题。比如,上述案例中的琪琪妈妈,会在琪琪面前,对某些特殊气味表现出非常恐惧的表情,这会给孩子暗示,这些气味是非常可怕的。孩子会学习妈妈的这种恐惧情绪。

还有一些经常发生的场景,也会给孩子内心植入恐惧的情绪:妈妈带孩子去上早教课,刚刚进入课堂的孩子,对每一样东西都非常好奇,也还没有学会听从老师的指令,妈妈生气地吓唬孩子,"再不听话,老师会骂你的,妈妈就不喜欢你了"……这种方式并不能真正有效地让孩子安静下来开始参与到课程中,相反,往往会让孩子害怕这个环境,对这个环境适应得更加慢。还有一些孩子到了上幼儿园的年纪,第一次到幼儿园,看到要跟妈妈分开,焦虑紧张地哭闹,有的妈妈也会用吓唬的方式,试图让孩子听话。其实,这些行为,对于孩子安全感的建立都有着负面的作用。

心理学中有一个词叫恐惧泛化,孩子如果经过父母的一些恐吓,他(她)对某些事物的恐惧感持续比较久的话,还会产生一些延伸出来的反应。

　　心理学家华生就曾经做过一个实验，叫作"小艾伯特实验"。当时，小艾伯特才 9 个月大，在最初的阶段，华生经常送给小艾伯特小白鼠、小兔子、小狗之类的小动物作为礼物，小艾伯特很喜欢它们。经过基础的感情测试，华生证明了，小艾伯特并不害怕小动物。

　　在两个月后，华生开始了正式的实验。华生把小白鼠递到小艾伯特的面前，每当小艾伯特要接触小白鼠时，华生就在他背后敲打铁棒恐吓他，这时候小艾伯特就会吓哭。之后这种情况又重复了几次。后来，就算华生不恐吓，小艾伯特看见小白鼠就会害怕地转身爬走。

　　后来华生又发现，小艾伯特不只是害怕小白鼠，他的恐惧开始泛化，甚至对小狗、白色皮毛大衣、棉花等，凡是毛茸茸的东西都会感到害怕。通过这个实验，华生证明了恐惧的情绪可以通过条件反射后天习得。

📎 建议

1. 通过"表情"及时处理一些"吓人"的场景

　　爆竹"嘭"的一声炸响，有的孩子会害怕得大哭。遇到这类场景，家长可以微笑着面对孩子说："哇哦，刚才吓我一大跳呢！"这样的一种说话方式和表情，会让孩子觉得，哎，其实吓一大跳，也是一件很好玩的事情啊。那么孩子对这个事情，就不会觉得特别的害怕。

2. 帮助孩子"脱敏"

可能孩子之前真的被爆竹的声音吓到过,作为家长怎么帮助孩子对这类很大的响声"脱敏"呢?我们可以把声音稍微降低一点,比如拿一个保鲜袋,吹气之后扎成一个气球,然后,让孩子自己用力去踩,当保鲜袋被踩爆的时候,它会发出"噗"的一声。这个声音不会太大,但它又具备了类似"爆炸"的效果。孩子会觉得,哎,这是一件很好玩的事情,他(她)会慢慢地去接受这种像爆炸一样的声音带给自己的这样一个刺激。

三、孩子过早大人化

专家支持

廖丽娟。

导言

蕾丝、珠片等越来越多大人世界的流行元素,出现在童装中,让童装变得越来越花哨,越来越时髦。有人担心,大人款的童装会让孩子过早地"大人化"。事实上,今天的孩子们的确会面临过早大人化的问题,但童装并不是麻烦的制造者。比起给孩子穿什么,更需要家长们费心思的是对孩子说什么。

案例

"我要买一件和静静一样的连衣裙,露出后背,很性

三、孩子过早大人化

感!"胡小姐询问自己4岁的小侄女甜甜(化名)想要什么样的儿童节礼物时,被小侄女的要求"雷"到了。胡小姐问"性感"啥意思?甜甜困惑地摇了摇头,告诉胡小姐说:"静静穿露背小短裙,隔壁的小男孩就这么说她的,应该是漂亮的意思吧。"

某童装店的店员介绍,这几年韩日、欧美风格的童装开始在市面上热卖,"传统版本的童装样式现在都很少出现,90%以上的童装都走'小大人'风"。

贰 解析

给孩子挑大人款的衣服是否会导致孩子大人化?作为心理学专业人士,廖丽娟的坦言,自己给女儿买衣服的时候,不会考虑"大人化"的问题。"我查阅过很多资料,都没有发现关于父母让孩子穿大人款式的衣服会导致孩子大人化的观点。"

怎样是大人化服装,怎样又是儿童化服装呢?这恐怕是大人世界才有的概念,而孩子们并没有这样的概念。大人认为某些款式的服装太过于性感,具备性的引诱意味,但是穿在儿童身上,我们往往不会觉得这和性有关系,最多会觉得这样穿有点奇怪。

事实上,在心理学上,儿童的穿着更多是和性别化相联系。在孩提时代,如果女孩子被强化穿着男孩子的服装、玩男孩子的游戏等,可能对性别认同不会造成太大的问题,但是男孩子被强化穿着女孩子的服装、玩女孩子的游戏,则可能会影响男孩子的性别认同。在咨询工作中,廖丽娟就曾遇到过这样的个案——有个大学男生,幼年时父母离异,母亲从小给他穿裙子、梳辫子,把他当作女孩来养育,以至成年后,他内心仍然觉得自己是女孩。

一般来说,只要家庭中父母不至于太过于强势,通常儿童会倾向于选择自己感觉舒适的衣服,在此基础上,随着孩子社会化,会逐渐形成自己的审美观和角色特征,对自己的服装表达清晰的喜好。通常父母会愿意根据孩子的综合因素形成的喜好来为孩子选择服装。

抛开大人世界的诸多标签化,儿童选择服装的时候往往更多考虑的是功能方面的因素。有的小女孩觉得穿裙子好看,但是她不并愿意穿裙子,因为她喜欢爬树,喜欢运动,觉得穿裙子不方便,所以会跟妈妈说,自己不要穿裙子。其实,儿童的服装只要在性别的部分不造成混乱,其实对孩子的影响不大。这就好像是喜欢吃苹果还是喜好吃香蕉的差别。

伴随着大人化的穿着打扮引起大众关注和担忧外,还有孩子们大人化的言行举止。发展心理学的研究发现,儿童的语言发展往往和大人与儿童沟通的量有关,也就是说,成年人和孩子用语言交流得多一些,往往更能促进儿童的语言发展,这和孩子的父母本身的表达能力是否出色没有关系。通常,心理学家会建议,父母在和儿童进行交流的时候,尽量减少模

三、孩子过早大人化

仿儿童的表达,而是要把他们当作能听懂你表达的成年人一样,该怎么表达就怎么表达,当然也不需要刻意去纠正儿童的表达,这样做能帮助孩子语言方面的能力发展得更早、更成熟,而且智力的发展往往也更容易被激发。从这个角度理解,和儿童说大人化的语言其实是积极的,这样做往往更能促进儿童的语言发展。

大人和儿童的交流中,容易产生负面影响的是很多大人在语言中带上太多的负面的价值影响。比如,一个孩子说:"我希望将来当上出租车司机,这样我每天都能开车,多好啊!"另一个孩子不假思索地回答:"出租车司机有什么好,又赚不了几个钱的。"前面这个孩子的想法很明显是儿童在职业意识发展时候出现的各种各样有意思的念头之一,但是后面这个孩子说出来的话,明显带有大人化的痕迹,也就是说这个孩子的家长没有考虑到孩子发展的阶段特征和对事物的理解,一味地把自己理解到的,往往还是负面的信息,直接灌输给孩子,使得孩子没有机会进行各种探索,变成了大人的傀儡。这是大人化语言的另外一种现象,这类语言对儿童的职业生涯意识、自我意识发展,以及价值形成,往往容易产生负面的影响。

建议

童年的经历会影响人的一生。为了孩子在未来能有较好的发展,家长应该尝试更好地通过大人的语言和交流给予孩子积极的影响。

1. 通过语言和非语言的交流让孩子体会到温暖，并与孩子互相尊重

比如，和孩子交流的时候，能尽量从孩子的角度进行理解。要做到这一点，需要父母比较成熟温和的语言表达，这样更能给孩子带去稳定和安心的感觉。

2. 对孩子的生活表现出持久的兴趣

和孩子的语言交流，主要由父母进行教育，还是主要让孩子来倾诉和表达？这是很多父母会思考的问题。有很多父母和孩子看似交流得很好，但往往只是父母在表达，孩子看上去听得津津有味，可是，这种交流对于孩子的自我感发展和对能力的熏陶是比较薄弱的。这个时候，就需要父母对孩子的表达进行充分的聆听和接纳，尽量充分地让孩子表达他们的世界，父母可以进行适当的点拨和引导。

3. 与孩子交流自己对他们行为和成就方面所要达到的较高标准的期望

要不要爱孩子？所有的父母都会给出肯定的答案。但是，要不要有成就需要的激发？这是现在很多年轻父母思考的问题，是散养孩子还是严格要求孩子？心理学研究发现，孩

子通常是带着期待成为被期待的那个人,这就是鼎鼎大名的"皮格马利翁效应",也称为罗森塔尔效应。你对孩子的要求和期待,往往最终会把孩子引导到优秀,更多地挖掘自身的潜能。

四、"小绅士"怎么变成了"破坏大王"

专家支持

廖丽娟。

导言

2岁左右,孩子自我意识开始萌芽,这个阶段,往往伴随着亲子关系中孩子对爸爸妈妈的挑战。爸爸妈妈可能会发现,原本听话乖巧的宝宝开始变得不太听话,喜欢说"不"。听懂宝宝说"不"的意思,爸爸妈妈就知道,这个阶段,在亲子关系里,要稍稍后退一点,让宝宝获得掌控感。

在婴幼儿时期,积极的自我意识主要包括:觉得自己是有价值的人,受到别人的重视和好评;觉得自己是有能力的人,可以"操纵"周围世界;觉得自己是独特的人,受到别人的尊重与爱护。形成积极的自我意识,是培养良好个性的基础。

四、"小绅士"怎么变成了"破坏大王"

壹 案例

5岁的丁丁(化名)在妈妈眼里是一个"破坏大王",哪里整齐他就破坏哪里。在幼儿园里,小朋友们一起用积木搭出漂亮的城堡,刚刚搭好,丁丁就冲过来,用力一推,把积木城堡弄散架了。其他小朋友问他:"你为什么破坏大家搭好的城堡呀?"他就是一个劲地笑。在家里,他会趁着妈妈不注意,把玩具扔一地,还会在妈妈出门的时候,把柜子里的鞋子都拿出来,扔得到处都是,然后就"咯咯"地笑个不停。

丁丁的妈妈非常抓狂。她是一个特别讲究规则秩序的人,一心要把孩子培养成小绅士。在丁丁9个月大刚会在地上爬的时候,她就开始训练丁丁,要把玩过的玩具放回指定的位置。除了收拾玩具,在生活中的方方面面,妈妈都对丁丁有非常具体和严格的规定。没想到,孩子到了5岁多,从"小绅士"变成了"破坏大王",完全不讲究整洁和秩序。这让妈妈很有挫败感。

贰 解析

2岁多的时候,是孩子自我意识发展的第一次萌芽。孩子对自我的认知是从自我感受开始的。与小猫不同,小猫时常会追着自己的尾巴,仿佛那不是自己的身体;而孩子却可以意识到手指和布娃娃是不一样的——手指是属于自己身体的一部分，这便是孩子对于自我意识的最初了解。

自我意识不是天生就有的，它的发展是从无到有然后不断慢慢发展的。孩子的自我意识随着年龄的增长而不断发展，所处的家庭的背景环境、爸爸妈妈的教养方式以及亲子关系的相处模式都会影响孩子自我意识的发展。

自我意识是需要能够反叛和掌控的。在那个阶段如果一个孩子没有办法获得一点点自我的掌控感，他（她）很可能会把这个问题变成一个一辈子的问题——他（她）要用一辈子的反抗来表达自我意识。换句话说，在这个阶段的亲子关系里，作为养育者的爸爸妈妈要向后退一点点，让孩子能够反抗成功，获得一点掌控感。

大部分孩子都能顺利地过这一关，因为大多数爸爸妈妈会在这个时候有一点妥协。比如收拾积木这件事情，孩子说"不要"，那妈妈可能会妥协一点，"妈妈和你一起收拾好吗？妈妈收拾这几块，你收拾那边几块"。这时候孩子会觉得，"哇，我可以前进一步"。再比如，孩子表达现在不想吃饭，妈妈可能就会跟孩子协商："那你想再过几分钟吃饭呢？"孩子可能就会说，"再过10分钟"。这个要求得到满足，会让孩子觉得，"我可以自己来掌控吃饭的时间"。

在丁丁和妈妈的亲子关系里，妈妈是不允许丁丁"反抗"的。她给丁丁制定了各种规则，而且非常强势地要求丁丁都要遵守。玩具玩过之后，必须都放回到指定的位置，吃饭的时

四、"小绅士"怎么变成了"破坏大王"

候要按照妈妈"科学育儿"的标准,这个菜吃三口,那个菜吃五口。如此刻板和简单粗暴地对待孩子,让丁丁完全没有对自己的掌控感。当孩子一点点长大,力量一点点大了,就开始不断地通过破坏秩序的方式来向世界证明,"我可以不听妈妈的话"。甚至,对于搞破坏这件事情产生了兴趣,产生了快感。越整齐的东西破坏之后,他会有越强烈的掌控感和快感,因为丁丁没办法从其他的地方获得他的自我掌控感。

亲子关系中,孩子自我意识发展,和给孩子建立规则之间的平衡,是很重要的一门学问,给孩子建立规则的时候,也同时给到孩子一些空间,让孩子获得掌控感,会有怎样的不同?笑笑(化名)就是一个很能说明问题的典型。从小,笑笑的妈妈很注重给孩子留出适当的空间,让她可以去决定一些事情,随着年龄慢慢长大,妈妈给笑笑的空间也越来越大。还没有上学的时候,在家里吃过午饭,笑笑可以跟妈妈要求,"我想要再玩10分钟才睡午觉"。每天晚上睡觉前,笑笑可以来选择要跟妈妈一起看哪一本绘本。等到笑笑慢慢长大,妈妈每个月给笑笑零用钱,笑笑可以自己来支配这笔钱用在哪里。一点点放手,不断给到孩子越来越大的空间,孩子回报给妈妈的也是不断地成长。最近,笑笑还成功策划和安排了一家人一周的旅游,妈妈让笑笑来安排行程。妈妈特别惊喜地发现,笑笑成功帮妈妈买到了一张三折的头等舱机票。妈妈自己从来都不舍得去买头等舱呢。

建议

1. 给孩子留出自己做主的空间

只要是不危及基本安全和健康的事情,家长可以让给孩子做主的空间。比如早上起床的时候,可以跟孩子说:"宝贝,要起床了,你是现在就起床,还是过5分钟起床呢?"

2. 懂得尊重孩子

随着自我意识的发展,孩子会有物权意识。比如,当有其他孩子来家里做客,小客人想要玩自家孩子的玩具,而自己孩子表现出不情愿,家长不要强制孩子与他人分享玩具。

3. 明确"规矩线"

给孩子立规矩时,要让他知道明确的"规矩线",告诉孩子具体的行为标准是什么,不能只单纯地说这件事不能做,还要解释清楚在什么样的情况下做某件事情是允许的。明确"规矩线"的目的,不是限制孩子,而是让孩子知道做事的限度和底线。让孩子在规则的保护下,发展潜力,学习自己解决问题、探索世界。

> **TIPS**
>
> **点红实验——孩子自我意识的发展**
>
> 科学家阿姆斯特丹以动物学家盖勒帕为了测试

四、"小绅士"怎么变成了"破坏大王"

黑猩猩是否能够感知到"自我"而举行的点红测验为基础,以88名3个月至2岁的婴幼儿为实验目标,进行了类似的点红实验,从而在有关婴儿自我觉知这方面的研究上取得了突破性进展。

实验开始,趁着婴儿还没有发现,测试人员在宝宝的鼻子上涂上一个没有刺激反应的小红点,这个小红点除了照镜子时可以看到,宝宝是不会有反应的。然后在一旁静静地观察婴儿照镜子时的反应。如果宝宝可以在照镜子时发现自己鼻子上有个小红点,并且在现实中用手去触摸这个小红点或者是想要擦除掉,就证明宝宝已经可以区分出自己的形象,也对不属于自己形象的外物有所反应了。这种行为就可以看作是宝宝自我意识出现的标志。

阿姆斯特丹对研究结果经过总结得出,婴儿对自我形象的认识要经历三个发展阶段。

第一个是游戏伙伴阶段:6至10个月。此阶段婴儿对镜中自我的影像很感兴趣,但认不出自己。

第二个是退缩阶段:13至20个月。此时婴儿特别注意镜子里的影像与镜子外的东西的对应关系,对镜中影像的动作伴随自己的动作更是显得好奇,但似乎不愿与"他"交往。

第三个是自我意识出现阶段：20 至 24 个月。这是婴儿在有无自我意识问题上的质的飞跃阶段，这时婴儿能明确意识到自己鼻子上的红点并立刻用手去摸。

五、当乖小孩每晚在梦中哭泣

专家支持

廖丽娟。

导言

用哭来表达情绪，表达需求，是每个孩子生来的本能。随着孩子慢慢长大，他会学习如何用语言来表达情绪，表达需求，而不仅仅是用哭。这个部分的能力，是在 6 岁之前，在亲子互动中培养起来的。在一个安全的亲子关系里，孩子知道自己就算大哭也没关系，爸爸妈妈是接纳他的。但是，自己也可以学习用语言向爸爸妈妈表达自己的需求，表达自己的情绪。

案例

女孩瑶瑶(化名)生活在一个单亲家庭。之前,瑶瑶和外婆相处得比较多,爸爸妈妈离婚后,瑶瑶的生活中,熟悉的面孔有了变化,她开始跟着爷爷奶奶和爸爸生活,很少能看到妈妈。平时主要照顾瑶瑶的人,就是爷爷奶奶。

爷爷奶奶说方言,瑶瑶有点不习惯。外婆突然在生活中消失了,也让瑶瑶不习惯。因为各种的不习惯,有时候瑶瑶会忍不住哭起来。爷爷奶奶特别不喜欢瑶瑶哭。他们觉得,小孩子哭是软弱的表现,他们可不希望培养出一个软弱的孩子。他们希望瑶瑶坚强,坚强的人是不哭的。

每次,瑶瑶的眼泪在眼窝里打转,眼看着就要掉下来,奶奶就会说瑶瑶:"不可以哭,不可以掉眼泪。"

被说的次数多了,瑶瑶真的就不哭了。奶奶满意了,这才是她希望的坚强的孩子。

不哭的日子过了几个月,半年,还是一年,瑶瑶自己也记不清。突然有一天,凌晨时分睡梦里的瑶瑶开始大哭。哭累了停一会儿,接着再继续哭,持续了快两个小时。家里人都以为,瑶瑶是做了噩梦。

可是,从那一天开始,每天凌晨左右,瑶瑶都会以梦魇的方式大哭,每次都要哭上一两个小时才停下,继续睡觉。

五、当乖小孩每晚在梦中哭泣

> 家里人怎么哄都哄不住。全家人都吓坏了,而且正常的生活节奏也完全被打乱了。

解析

瑶瑶是一个很乖巧听话的孩子,白天一切正常,大人要求的每一件事情她都配合得很好。但其实她内心里有很多的情绪要表达。才 5 岁的她,还不太知道如何用言语来表达情绪,比如说,她没有办法告诉爸爸自己想要什么,她也没有办法告诉爷爷奶奶这件事情,"我不开心、我不要"。所以,她白天就是非常的配合,大人们要她做什么她,都照做,哪怕她不同意,她就是看着你,也不敢哭,然后就照着大人要求的做。

在瑶瑶内心里,其实压抑了非常多的情绪,很多情绪是她自己也没有意识到的,比如她很想妈妈,当一家人议论她妈妈的时候,她是没有机会去表达"我想妈妈"的。包括在幼儿园里,她也失去了表达情绪的机会。

孩子呱呱坠地,来到这个世界,最初的时候,就是用哭来表达一切的。觉得饿了,要哭。觉得冷了,要哭。尿湿了便便了,要哭。看不到爸爸妈妈害怕了,也要哭。哭,是还不会说话的孩子跟世界沟通的最主要的方式。有些孩子,会用哭来"控制"大人。因为只要自己哭,大人们就会来关注自己,来满足自己的需求。

随着孩子长大,作为养育者的父母,要开始教孩子学习去分辨和使用语言,在亲子互动的过程中,让孩子学会除了哭,还有其他方式来表达自己的感受。比如爸爸妈妈可以告诉孩子:"宝贝,你现在哭的话我不知道你的需要,我猜你有想说的话,你试试看用嘴巴说出来。"这就是引导孩子,把需求用言语的方式表达。

瑶瑶的爷爷奶奶因为自己本身对哭有太多不好的联想,所以不能忍受孩子哭。他们不许瑶瑶哭,也就挡住了瑶瑶的表达。这些没有被瑶瑶表达出来的情绪,都积压在瑶瑶心里。所以,她才会在夜深人静的时候,不由自主地把这个情绪宣泄一下,因为积累太多了。

建议

哭是孩子的本能。对于孩子的情绪表达,在亲子关系中,我们要分二步走。第一步是爸爸妈妈要给孩子一个底气,孩子哭是被世界接受的。第二步才是学会让孩子理解哭后面的追求。

先来说一说第一步,给孩子一个安全的场域哭。就是让孩子知道,他(她)的情绪是能够被大家接受的。换句话说,就是当孩子哭的时候给他(她)一个比较自由的环境哭。只要孩子没有一边哭一边做出伤害自己的举动,如果他(她)只是哭,那就给他(她)纸巾让他(她)可以自由地哭。

当然你也可以抱抱他(她),帮他(她)擦眼泪,只要你的目的不是要阻挡他(她)流眼泪。你还可以问孩子:"你需要这个

五、当乖小孩每晚在梦中哭泣

时候妈妈在旁边吗？你需要妈妈做什么吗？"

如果孩子说："不要。"

那你就安静的在旁边待一会儿。一般情况下，孩子哭 20 分钟左右就会慢慢停下来。

然后可以做第二步。家长可以跟孩子说："你除了用哭来表达，还可以用语言把需求说出来。"因为情绪其实就是需求。比如，孩子可能会说"我想妈妈了""我想妈妈在家陪我""我现在不想吃这个东西"……这些的语言表达是比较重要的。

在 6 岁之前，孩子有个核心的发展任务，就是用语言表达需求，用语言表达情绪，因为孩子终究要学会这些。如果一个人只会用哭来表达自己的情绪和需求，他（她）是没办法社会化的，因为没办法跟别人沟通。别人看到你哭，很可能很就蒙圈了。

通过这二步，爸爸妈妈做的事情就是教会孩子，先去表达，再去分化，也就是精细化的表达。

举个例子。

当孩子大哭，一边哭一边告诉你："我现在觉得很难过。"

你可以问："那你想干吗呢？"

孩子可能说："我想妈妈抱抱我。"

"如果妈妈现在没办法抱你呢？"

"那我就继续难过。"

"那你准备难过多久呢？"

"大概要 5 分钟。"

"那么，如果妈妈现在不能抱你，你还希望妈妈做点什么呢？"

"可以让我拉拉你的衣角吗？"

通过这个对话，孩子可以去清晰精准地表达自己的需求，而且会试着妥协——"你不能抱我的话，那我就拉拉你的衣角，可以吗？"

你可以看到，在这样的亲子互动中，孩子会越来越精细化地去表达自己的需求，越来越清晰地知道自己的情绪情感，认识自己的情绪。

完成了上面两步之后，我们延展开去，说一说第三步：这是很棒的一个部分——"妥协"。

如果孩子能够在用语言表达自己的需求的时候，尝试妥协，或者爸爸妈妈可以在和孩子的互动中，尝试讨论"妥协"的条件，这都会让孩子了解到，原来还可以有更多一点的选择，爸爸妈妈还有其他方式可以满足自己的需求。

不要小看这个"妥协"。很多没有在童年时学会"妥协"的成年人，在建立亲密关系的时候，会遇到问题。

夜深人静的时候，你觉得一个人很害怕很孤单。你直接告诉自己的恋人，让对方必须赶过来陪自己。这样事情有没有发生过？

很多人谈恋爱的时候，都遇到过此类的场景，对不对？在这个场景中，"必须赶过来陪自己"是需要的实现途径，不是需要本身，对不对？

你在那一刻的"需要"是"情感需求",但是情感需求不一定恋人必须马上过来陪你。如果对方能够不用赶过来,却依然可以表达温暖的爱和抚慰,也可以满足这个需求。而且这样的方式更社会化,对于双方都更有益处。在这样的情况下,你会妥协——对方不必马上赶过来,但是可以通过电话、微信、视频或者其他的方式安慰你,让你觉得自己的需求得到了满足,不那么孤单和害怕了。

那些能够比较清晰地表达自己的情绪需要的人,通常人际关系会更好,也更具备感同身受的能力,就是我们通常说的情商会更高。因为这样的人会敏锐地感知别人的情绪和需求。而这个能力,是在童年的时候,在一个安全的亲子关系里培养起来的。

后　记
看见情绪，看见爱

　　2022年，不能出门的那段日子里，我参与了一个关注亲子关系的动画系列短剧的剧本创作，在线上和导演以及其他编剧聊起很多亲子之间的事儿。我们那一组人有十月怀胎马上就要生娃的准妈妈，有孩子还没上幼儿园的家长，也有孩子已经长大出国留学的家长。在一众剧集里，有两个关于"爸爸的工作"的小故事，几乎引起了所有人的感慨。

　　其中一个故事里，"工作"成为了爸爸一直忙碌、没有时间陪伴孩子的最大障碍——答应了一百次要带孩子去公园玩，每次都因为工作忙爽约。孩子在梦里得到了一个特别的储蓄罐，里面存着所有爸爸欠她的时间。

　　另一个故事里，"工作"直接变成了一个让人恐惧的巨大的魔方，在梦中的城堡里，碾压一切，所到之处，所有的东西都变成了碎片。

有一位编剧感慨说,她的女儿觉得老板是这个世界上最坏的人,因为老板总是会让爸爸加班,这样爸爸就没空陪她玩了。

在剧本创作的时候,编剧可以变成"神",把爸爸欠孩子的时间,一股脑儿地还给孩子,也可以派出一个魔法师,把吓人的"工作"搞定,拯救孩子梦中的城堡。可是,在现实的生活中呢?

你是那个每天在职场打拼,渴望用自己的努力,给孩子一个优渥的生活环境的家长吗?抑或,你曾是那个脖子上挂着钥匙,自己煮饭,自己做功课,眼巴巴等着天黑了爸爸妈妈才拖着疲惫的身体推开家门的孩子?

周遭的世界越来越卷,竞争越来越激烈,工作占据的时间早已经不是每天8小时。算一算,一个星期里,你作为家长陪伴孩子的时间,你作为子女陪伴父母的时间,能有几个小时?

亲子关系由血脉连结,一代代传承,我们与父母的亲子关系,影响着我们与孩子的亲子关系,这种传递也会在孩子和他们未来的孩子身上继续。

特殊的2022年,很多家庭因为不能出门,有了一段堪称漫长的亲子相处时间。那段日子,你和孩子之间是如何相处的?你有没有发现一些过去未曾注意的孩子的情绪和感受?

我认识的一位心理专家,在一次公益活动中,分享了他有一次在工作坊中带领大家做的一个游戏。

游戏准备。

(1)准备几张白纸,裁剪成小卡片。

（2）每个参加游戏的成员要在卡片上画表情，每张卡片画一个表情，每个人至少画4张不同表情的卡片，比如开心、生气、害怕等情绪。

（3）把这些卡片放在桌上打乱顺序。

游戏规则。

（1）参与游戏的一位成员，抽一张卡片，看看卡片是什么表情，猜猜这是什么情绪。

（2）把卡片亮出来，让其他成员看见，然后模仿卡片上所画的表情。

（3）其他成员要评价模仿得像不像，如果大家都觉得像，就可以进行下一步了，如果大家觉得不像，那就得继续模仿。

（4）这名成员需要讲一个故事，这个故事要满足三个条件：①这个故事必须是让当事人难忘的亲身经历；②故事必须包括时间和地点；③故事中必须要包括自己刚才所模仿的情绪，以及自己体验到这个情绪的原因。

（5）故事讲完后，其他成员需要向讲述人至少提一个跟故事细节有关的问题。

参加那次工作坊的人里，有一个四口之家，姐姐8岁，弟弟5岁。当时，正好轮到姐姐抽卡片，她抽到了一张"难过"的表情卡片。她模仿了卡片上"难过"的表情，然后讲了一个故事。

这个小女孩说："最让我难过的事情，就是弟弟两岁时，有

后　记

一天,他喜欢我的新玩具,过来抢,我没有给他玩,弟弟哭了。妈妈听到弟弟的哭声,冲过来就把我手里的玩具夺过去,给了弟弟,并跟我说,姐姐要让着弟弟。当时我心里特别难过。"

那位妈妈听到这个故事一下子愣住了,因为这件事情她完全忘了。

妈妈问女儿:"妈妈当时夺了你什么玩具呢?"

小女孩回答:"是个小猪佩奇的玩偶,爸爸在我生日的时候送给我的。"

这时,爸爸问女儿:"当妈妈把玩具夺走之后,你是怎么想的?"

小女孩说:"我觉得妈妈更爱弟弟,她的注意力经常放在弟弟身上,我觉得自己不如弟弟,有时候看着爸爸妈妈跟弟弟一起玩,我也好想参与,但我却不敢参与,我害怕你们不带我玩。"

说到这里,小女孩一下子哭了出来,然后这一家人就抱在一起哭。妈妈边哭边对女儿说:"对不起,是妈妈不对,妈妈对你和弟弟都爱,你们都是妈妈的宝贝。"

弟弟也在旁边哭。他对姐姐说:"姐姐,对不起,我以后再也不抢你的玩具了。"

这个游戏不难,适合全家人一起玩,在游戏里倾听你最爱的家人们的情绪,觉察自己的情绪,用叙事的方式把情绪表达出来,可以让一家人更清晰地看见彼此。

我把这个游戏推荐给了那位前文里提到的编剧朋友,不知道她的女儿在表达情绪的时候,会用怎样的方式告诉爸爸,也不知道那位经常加班忙工作的爸爸,会有怎样的反应。

如果,让我做编剧将"老板是大坏蛋,总是让爸爸加班"写成故事,我愿意在结尾的时候,是爸爸将小女儿抱起来,让小女儿骑在肩头一起在海边度假看朝阳的背影。

就像一滴水融入另一滴水,就像一束光簇拥着另一束光。唯有点亮自己,才能让爱在亲子关系中流动起来,一个拥抱就可以成为爱的全部表达。

朱凌

2022 年 10 月 22 日